지식동화 02 지구온난화 때문에 동물 새끼 여자 나라

# 지구를 식혀 야해

박수현 글·그림

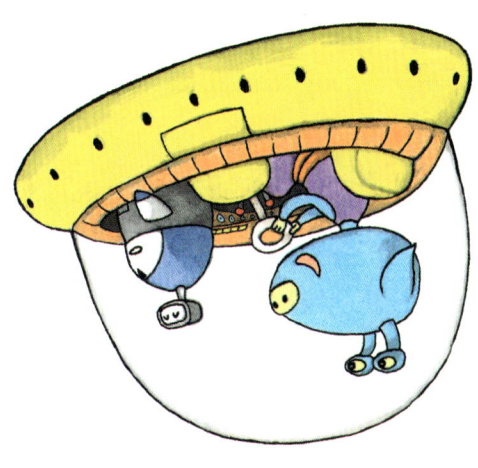

# 지구의 대륙과 바다

지구 답사
1일째

지구는 육지와 바다로 이루어져 있다. 지구 표면은 70%가 바다로 덮여 있어서, 우주에서 바라보면 푸른 공처럼 보인다. 정말 아름다운 행성이다.

## 지구는 5대양 6대주로 이루어져 있다.

## 여섯 대륙, 누가 누가 더 넓을까?

## 다섯 바다, 누가 누가 더 넓을까?

### 지구는 3대양 7대주로 이루어져 있다고?

북극해는 다른 큰 바다에 비해 규모가 작은데다 대서양의 일부로 보이기도 한다.
남극해 또한 규모가 작은데다 태평양·인도양·대서양과 확실히 구분하기가 어렵다.
따라서 두 바다를 빼고 3대양이라고 말하기도 한다.
남극 대륙은 면적만 1372km²로 오세아니아보다 커서, 다른 여섯 대륙에 남극 대륙을 합쳐 7대주라고 보기도 한다.

# 지구의 여러 나라

**지구 답사 2일째**

지구에는 200개가 넘는 나라가 있다. 한 민족으로 이루어진 나라도 있고, 여러 민족으로 이루어진 나라도 있으며, 한 민족이 여러 나라를 이루고 살기도 한다.

지구의 나라 수는 어떤 기준으로 세느냐에 따라서 다른데, 2020년 기준으로 국제연합(UN)에 가입한 나라는 193개이다.

*국제연합 회원국 기준

- 아프리카: 54개국
- 아시아: 49개국
- 유럽: 41개국
- 북아메리카: 24개국
- 오세아니아: 13개국
- 남아메리카: 12개국

지구에는 꽤 많은 나라가 있다. 지구의 나라 수가 몇 개인지 알기는 생각보다 어렵다.

| 206개국 참여 | 210개국 참여 | 189개국 | 204개국 |
|---|---|---|---|
|  |  |  |  |
| 2016 브라질 리우데자네이루 올림픽 | 2018 러시아 월드컵 | 세계은행의 회원국 | 유네스코의 회원국 |
|  |  |  |  |
| 세계인의 축제 올림픽에는 200여 개 나라가 참여한다. | 세계에서 가장 큰 스포츠 행사인 월드컵 축구 대회에는 더 많은 나라가 참여한다. | 세계 여러 나라의 경제 개발을 위해 자금을 빌려 주는 세계은행의 회원국은 189개이다. | 국제연합의 교육 과학 문화 기구인 유네스코 회원국은 204개이다. |

### 나라 수를 정확히 세기 어려운 까닭은?

지구에서는 여러 가지 정치 상황에 따라서 끊임없이 새로운 나라가 생겨나기도 하고 사라지기도 한다. 어떤 나라는 "우리는 독립 국가다!"라고 주장하지만, 다른 나라에게 인정을 받지 못하는 경우도 있다. 아프리카 소말리아 북부에 있는 소말릴란드가 바로 그런 나라이다. 소말릴란드는 1991년에 독립을 선언했지만, 아직까지 어떤 나라에서도 인정해 주지 않았다.

# 가장 큰 나라와 가장 작은 나라

**지구 답사 3일째**

지구에서 가장 큰 나라는 러시아 연방이다.
러시아는 동부 유럽부터 아시아 중·북부에 이르는 드넓은 땅을 차지하고 있다.

러시아도 처음부터 컸던 건 아니다. 러시아 제국의 토대가 된 14세기의 '모스크바 대공국'은 이만큼 작았다.

1917년에 만들어진 소비에트 사회주의 공화국 연방(소련)은 지금보다 더 컸다. 1991년에 소련이 해체되면서 카자흐스탄, 우즈베키스탄, 우크라이나를 비롯한 15개 나라가 독립하면서 지금에 이르렀다.

카자흐스탄 면적만 해도 세계 9위라니, 예전에 소련은 엄청 넓었구나!

러시아는 한반도(남한과 북한)가 81개쯤 들어가는 넓이이다.

러시아의 동쪽 끝과 서쪽 끝을 연결하는 시베리아 횡단 철도는 길이가 지구 둘레 4분의 1에 이르는 세계에서 가장 긴 철도이다. 시베리아 횡단 열차를 타고 처음부터 끝까지 가려면 기차 안에서 꼬박 6박 7일을 보내야 한다.

지구에서 가장 작은 나라는 바티칸 시국이다.
바티칸 시국은 이탈리아의 수도 로마시에 둘러싸여 있다.

바티칸 시국은 서울의 창덕궁과 비슷한 넓이라 반나절이면 다 둘러볼 수 있다. 인구는 1000명에도 못 미치지만, 전 세계에서 몰려든 가톨릭 신자와 관광객들로 늘 북적거린다.

바티칸 미술관
성 베드로 성당
로마 시내

바티칸 시국은 전 세계 가톨릭교의 지도자인 교황이 다스리는 나라이다. 바티칸 시국의 주민은 교황청에서 일하는 성직자와 봉사자로 이루어져 있다.

### 세계의 큰 나라 순위

약 1709만㎢ / 약 998만㎢ / 약 983만㎢ / 약 959만㎢ / 약 851만㎢

1. 러시아  2. 캐나다  3. 중국  3. 미국  5. 브라질

### 세계의 작은 나라 순위

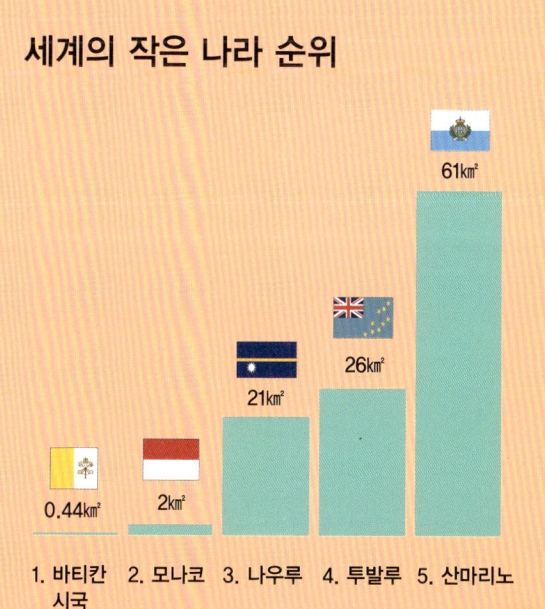

0.44㎢ / 2㎢ / 21㎢ / 26㎢ / 61㎢

1. 바티칸 시국  2. 모나코  3. 나우루  4. 투발루  5. 산마리노

# 땅으로 둘러싸인 나라와 바다로 둘러싸인 나라

**지구 답사 4일째**

어떤 나라는 바다로 나가려면 반드시 다른 나라를 거쳐야 한다.
또 어떤 나라는 이웃 나라에 가려면 반드시 바다를 건너야만 한다.

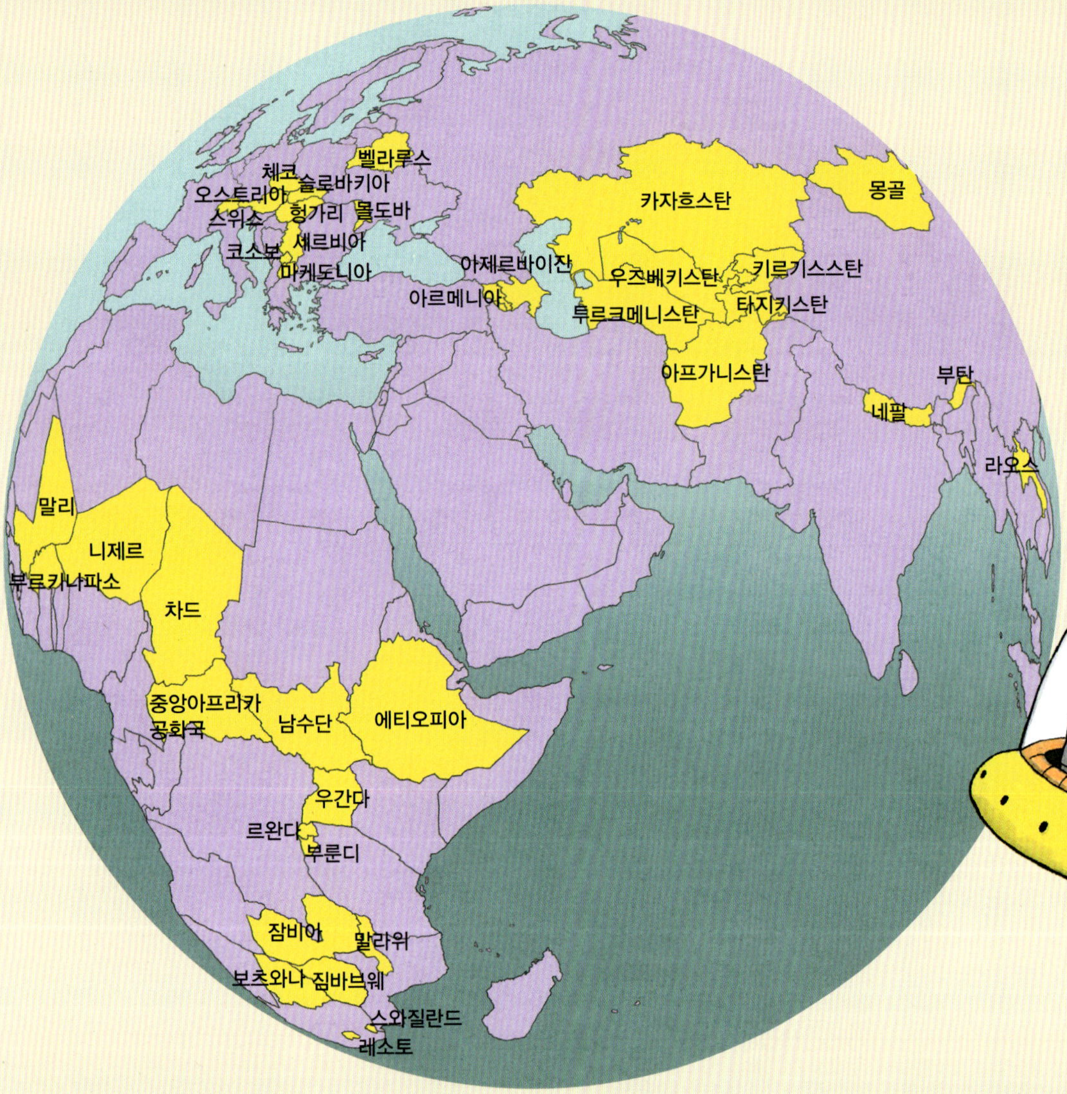

## 내륙국

육지로 둘러싸인 나라를 내륙국이라고 한다. 내륙국은 바다에 마음대로 드나들 수 없는 만큼 바다에서 나는 자원을 활용하기도 어렵다. 그래서 이웃 나라에 속한 바다에 자유롭게 드나들 권리와 바다에서 나는 자원을 개발하고 이용할 권리를 달라고 주장하는 나라가 많다. 지구의 내륙국은 모두 44개국이다.

### 바다가 없어도 해군은 있다!
볼리비아는 내륙국이지만 5000명에 이르는 해군이 있다. 볼리비아 해군은 세계에서 가장 높은 곳에 있는 호수로 유명한 티티카카호에서 훈련을 한다.

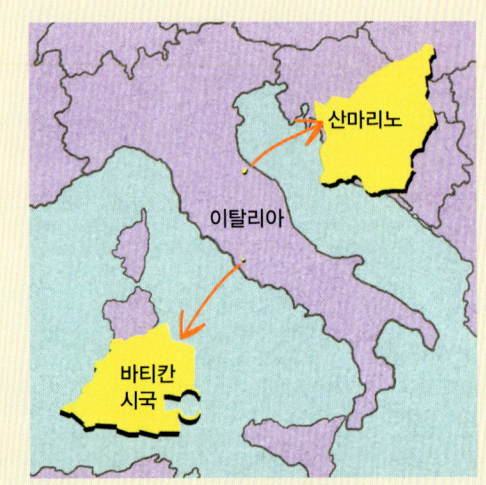

### 이탈리아 안의 두 내륙국
이탈리아 안에는 내륙국이 둘이나 있다. 세계에서 가장 작은 나라인 바티칸 시국과 산마리노 공화국이다.

# 섬나라

하나 또는 여러 섬으로 이루어진 나라도 많다.
어려운 말로는 도서 국가라고 한다. 지구에는 영국, 뉴질랜드,
마다가스카르, 일본, 필리핀, 쿠바를 비롯해 47개 섬나라가 있다.

이 나라 사람들은 자동차 운전보다 노 젓는 법을 먼저 배울까?

인도네시아는 지구에서 가장 많은 섬으로 이루어진 나라이다. 인도네시아에 속한 섬은 모두 1만 7000개가 넘는다.

## 물에 잠기는 섬나라들

지구 온난화로 해수면이 올라가면서 국토가 바다 속으로 사라져 가는 나라들이 있다. 남태평양에 있는 투발루나 인도양에 있는 몰디브가 바로 그런 나라들이다. 투발루는 아홉 개 섬으로 이루어져 있는데, 지금까지 두 개 섬이 바다 속으로 사라졌다. 2050년쯤에는 국토 대부분이 바다에 잠길 거라고 한다. 몰디브 또한 앞으로 50년 안에 완전히 사라질 수도 있다고 한다.

# 지구에서 가장 높은 곳

**지구 답사 5일째**

히말라야 산맥은 지구에서 가장 높은 산들이 줄지어 솟아 있는 곳으로 '지구의 지붕'이라 불린다. 히말라야라는 이름에는 '눈이 머무르는 곳'이라는 뜻이 담겨 있다.

## 지구에서 가장 높은 산

히말라야는 파키스탄, 인도, 네팔, 부탄, 중국에 걸쳐 있는 거대한 산맥으로, 지구에서 가장 높은 산들이 대부분 이 산맥에 있다. 히말라야의 최고봉인 에베레스트산은 높이가 자그마치 8848m로 지구 최고봉이기도 하다. 티베트에서는 이 산맥을 '초모랑마(대지의 여신)'라고 부르고, 네팔에서는 '사가르마타(세계의 어머니 신)'라고 부른다.

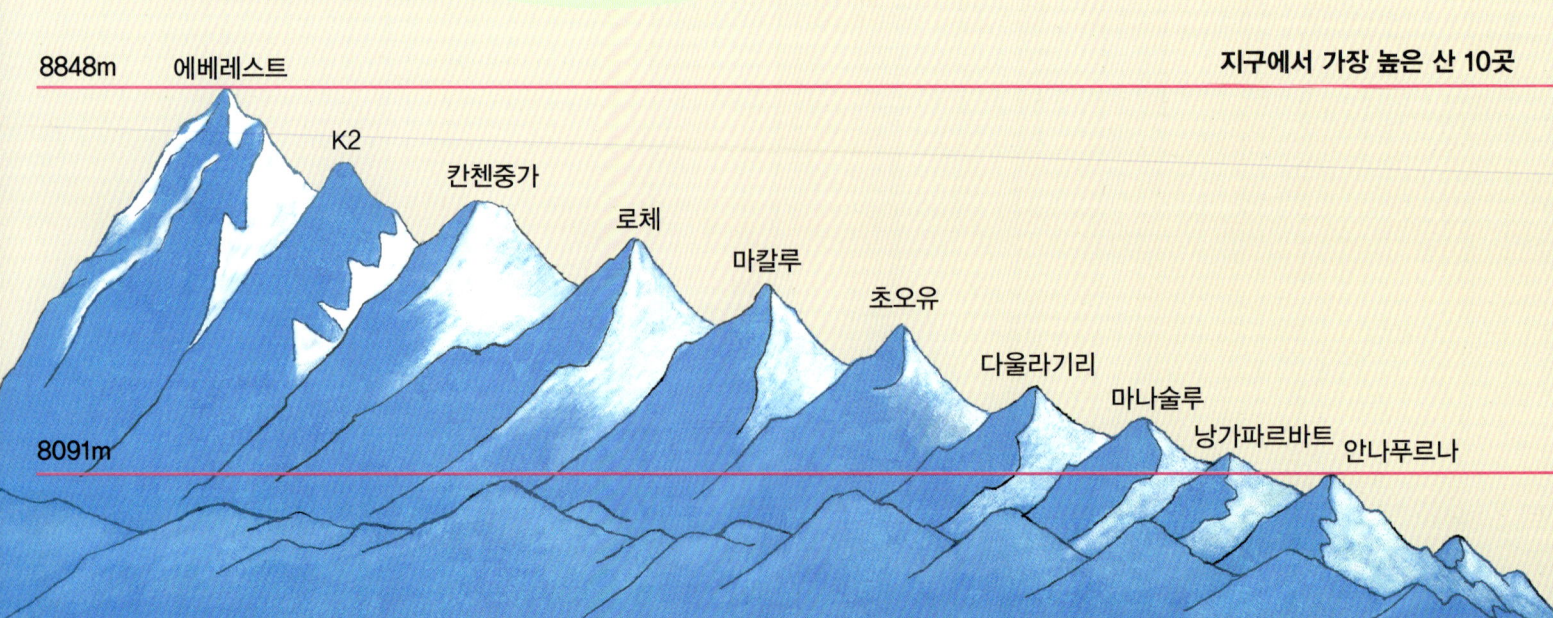

### 지구에서 가장 높은 산 10곳

- 8848m 에베레스트
- K2
- 칸첸중가
- 로체
- 마칼루
- 초오유
- 다울라기리
- 마나슬루
- 낭가파르바트
- 안나푸르나
- 8091m

### 지구에서 가장 높은 곳에 있는 호수

페루와 볼리비아 사이 해발 3811m 지점에 있는 티티카카호이다. 티티카카호에는 '토토라'라고 불리는 갈대로 만든 인공섬인 '우로스섬'이 있다. 우루 족은 발이 푹푹 빠지는 스펀지 같은 토토라 위를 잘도 돌아다닌다.

### 지구에서 가장 높은 곳에 있는 공항

중국 티베트 자치구에 있는 다오청 야딩 공항은 해발 4411m 높이에 있다. 이 공항은 2013년에 정식으로 운항을 시작했다. 지구에서 두 번째로 높은 곳에 있는 공항도 티베트에 있는 창두 방다 공항이다. 이 공항의 활주로는 세계에서 가장 긴 것으로도 유명하다.

### 지구에서 가장 높은 곳에 있는 도시

인구 1000명이 넘는 도시 가운데 가장 높은 곳에 있는 도시는 페루의 라 링코나다이다. 안데스 산맥 해발 5100m 높이에 있는 이 도시 주민들은 대부분 금을 캐는 광부들이다. 이 광부들은 고산병과 고된 노동에 시달리면서도 임금조차 제대로 받지 못하는 것으로 유명하다.

지구인들은 정말 이상해. 일을 시켰으면 제대로 대가를 치뤄야지.

# 지구에서 가장 큰 섬과 다양한 바다

**지구 답사 6일째**

지구인들은 오스트레일리아보다 큰 땅덩어리는 대륙이라고 부르고, 그린란드보다 작은 땅덩어리는 섬이라고 부른다. 그러니까 그린란드가 지구에서 가장 큰 섬인 셈이다. 지구에서 가장 큰 섬들을 순서대로 늘어놓으면 다음과 같다.

**1 그린란드 217만㎢**

이름은 '초록 땅'이지만 얼음으로 뒤덮여 있다. 최근 들어 지구 온난화로 초록 땅이 점점 늘어나고 있기는 하다. 북아메리카 북동쪽 대서양과 북극해 사이에 있다.

**2 뉴기니섬 78만㎢**

남태평양에 있는 뉴기니섬은 마치 공룡처럼 생겼다. 공룡 머리 부분은 인도네시아 땅이고 꼬리 부분은 파푸아 뉴기니 땅이다.

**3 보르네오섬 74만㎢**

동남아시아 말레이 제도에 있는 섬이다. 북부는 말레이시아와 브루나이 땅이고, 남부는 인도네시아 땅이다. 브루나이는 석유와 천연가스가 많이 나는 작지만 부유한 나라이다.

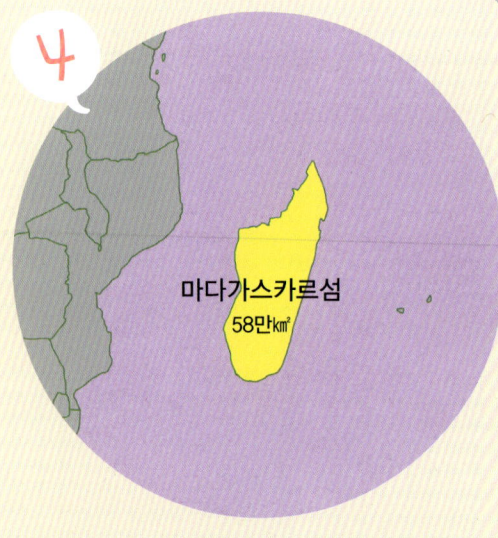

**4 마다가스카르섬 58만㎢**

아프리카 남동쪽 인도양에 있는 섬이다. 지구에 사는 생물 20만 종 가운데 75%를 이 섬에서만 볼 수 있다고 한다.

**5 배핀섬 50만㎢**

캐나다 북부에 있는 섬이다. 이름은 북극을 탐험한 영국 탐험가 윌리엄 배핀의 성에서 따왔다.

지구에는 앞서 말한 5대양 말고도 다양한 바다가 있다.
5대양을 뺀 나머지 바다를 넓은 순서대로 늘어놓으면 다음과 같다.

1. 남중국해 368만㎢

2. 카리브해 275만㎢

3. 지중해 251만㎢

4. 베링해 230만㎢

5. 멕시코만 155만㎢

6. 오호츠크해 158만㎢

### 황해·홍해·흑해는 정말로 노랗고 빨갛고 검을까?

**황해**는 중국 동부 해안과 한반도 사이에 있는 바다이다. 이 바다는 황허강이 실어 온 황토 때문에 실제로도 누런빛을 띤다. 한국에서는 서해라고도 부른다.

**홍해**는 아프리카 대륙과 아라비아 반도 사이에 있는 좁고 긴 바다이다. 붉은 해초와 산호초 때문에 붉은빛을 띨 때도 있지만, 대체로는 아름다운 푸른빛을 띤다. 이 바다에 이름을 붙인 사람이 처음 보았을 때는 붉은빛을 띠었던 모양이다.

**흑해**는 유럽 남동부와 아시아 사이에 있는 육지로 둘러싸인 바다, 즉 내해이다. 옛날 선원들이 이 바다를 건널 때 거친 폭풍과 짙은 안개 때문에 고생을 많이 했던 터라 부정적인 뜻을 담아 검은 바다, 흑해라고 불렀다고 한다.

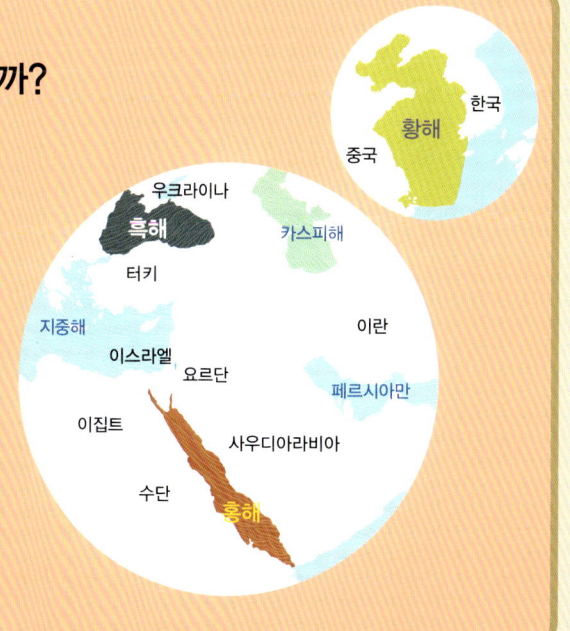

# 지구에서 가장 긴 강과 큰 호수

**지구 답사 7일째**

지구에서 가장 긴 강은 나일강과 아마존강이다.
둘 중 어떤 강이 더 긴지는 조사할 때마다 뒤바뀌곤 한다.

고대 이집트 사람들은 나일강을 이렇게 썼다.

아프리카 북동부에 있는 나일강은 길이 6600km가 넘는다. 지구본만 보면 북쪽에서 남쪽으로 흐를 것 같지만, 실제로는 반대로 흐른다.

남아메리카에 있는 아마존강은 오랫동안 지구에서 두 번째로 긴 강으로 알려져 있었다. 하지만 최근 조사에 따르면 길이 7000km가 넘는다고 하니 나일강보다 긴 셈이다. 강물의 양으로 따져 봐도 아마존강이 지구 최고라고 할 만하다.

## 그 밖의 긴 강

**3위 양쯔강** 6300km 중국을 가로지는 강으로 워낙 길어서 '장강'이라고도 한다.
**4위 미시시피강** 5971km 미국 중부 북쪽에서 남쪽으로 흐르는 강이다. 아메리카 선주민 말로 '큰 강'이라는 뜻이다.
**5위 예니세이강** 5539km 몽골 일부와 러시아를 거쳐 북극해로 흘러드는 강이다. 러시아 말로 '큰 강'이라는 뜻이다.

지구에서 가장 큰 호수는 아시아 서쪽에 있는 카스피해다.
그런데 호수라면서 왜 바다라는 뜻의 '해(海)' 자를 붙일까?

러시아
카자흐스탄
카스피해
아제르바이잔
투르크메니스탄
이란

카스피해는 길이 1200㎞, 너비 300㎞, 면적 37만㎢에 이르는 지구에서 가장 큰 호수이다. 원래는 바다였다가 육지에 갇힌 터라, 맛을 보면 바닷물처럼 짠 맛이 난다. 카스피해를 둘러싼 나라 중에는 저마다 이익에 따라 카스피해를 바다라고 주장하는 쪽도 있고 호수라고 주장하는 쪽도 있다. 카스피해를 바다라고 치면 캐나다와 미국 사이에 걸쳐 있는 슈피리어호가 면적 8만㎢로 가장 크다. 슈피리어호와 근처의 4위 휴런호, 5위 미시간호, 11위 이리호, 13위 온타리오호를 합쳐서 '5대호'라고 부른다.

## 지구에서 가장 깊은 호수

러시아의 바이칼호는 깊이가 자그마치 1621m로 지구에서 가장 깊은 호수이다. 하지만 물이 하도 맑아서 수심 40m까지도 훤히 들여다보인다. 바이칼호의 면적은 5대호를 합친 것의 13%밖에 되지 않지만, 물의 양은 5대호를 합친 것보다 많다고 한다.

러시아
바이칼호
몽골

# 지구의 숲과 사막

**지구 답사 8일째**

지구 곳곳에는 울창한 숲이 있어 생명이 살아 숨 쉴 수 있게 한다.
하지만 오랜 가뭄과 무분별한 개발로 숲이 사라지면서 사막이 점점 늘어나고 있다.

지구에서 숲이 가장 많은 나라는 러시아이다. 지구에서 가장 넓은 나라인 만큼 숲도 많은 것이 당연하다. 하지만 전체 국토에서 숲이 차지하는 비율로 따지면 수리남이 1위, 미크로네시아가 2위, 가봉이 3위 세이셸이 4위, 팔라우가 5위이다.

수리남 미크로네시아 가봉 세이셸 팔라우

브라질에는 지구에서 가장 큰 숲인 아마존 정글이 있다. 아마존 정글은 지구 전체 산소의 20%를 만들어 내는 까닭에 '지구의 허파'로 불린다.

지구에서 가장 넓은 사막은 아프리카 북부 사하라 사막이다. '사하라'라는 이름은 불모지를 뜻하는 아랍어 '사흐르'에서 비롯되었다고 한다. 사하라 사막도 원래는 수많은 동식물이 살던 곳이라고 한다. 하지만 지금은 비가 거의 오지 않아서 풀조차 제대로 자라기 힘든 곳이다. 흔히 사막이라고 하면 모래로 뒤덮인 들판이나 모래 언덕을 떠올리곤 한다. 그러나 사하라 사막에는 해발 3000m에 이르는 높은 산도 있다.

### 점점 넓어지는 사막

사하라 사막의 넓이는 860만㎢에 이르며, 해마다 2만㎢ 이상씩 넓어지고 있다. 사하라 사막에 걸쳐 있는 열두 나라 가운데 이집트와 리비아는 각각 전체 국토의 95%와 90%가 사막이다.

# 지구에서 가장 추운 곳과 가장 더운 곳

**지구 답사 9일째**

지구에는 1년 내내 눈과 얼음이 녹지 않는 추운 곳도 있고,
1년 내내 비 한 방울 구경하기 힘든 덥고 메마른 곳도 있다.

지구에서 가장 추운 곳은 남극이다. 최근 미국에서 위성으로 조사한 바에 따르면, 일본의 남극 기지인 돔 후지가 있는 산의 3779m 지점이 영하 91.5℃로 가장 추웠다고 한다. 하지만 남극은 관측과 연구를 위해 사람이 머무르는 곳일 뿐 실제로 사람이 사는 곳은 아니다. 사람이 사는 곳 중에서 가장 추운 곳은 러시아 시베리아 지역의 오이먀콘 마을로 영하 71.2℃를 기록한 적도 있다고 한다.

이렇게 춥고 더운 데서 어떻게 살지?

지구에서 가장 더운 곳은 이란의 루트 사막이다. 최근에는 영상 70.6℃까지 올라간 적도 있다고 한다. 남극이 너무 추워서 감기 바이러스조차 살지 못한다면, 이곳은 너무 더워서 박테리아조차 살지 못해 음식이 썩지 않는다. 지구에서 가장 추운 곳과 가장 더운 곳은 기상 관측 위성이 발달함에 따라 계속해서 바뀌고 있다.

## 비가 가장 많이 오는 곳

인도의 메갈라야주에 있는 모신람과 체라푼지 마을은 1년 내내 비가 내린다. 연평균 강수량이 12m쯤 된다니 어마어마하다. '메갈라야'라는 이름부터가 '구름의 집'이라는 뜻이라고 한다.

## 비가 가장 적게 오는 곳

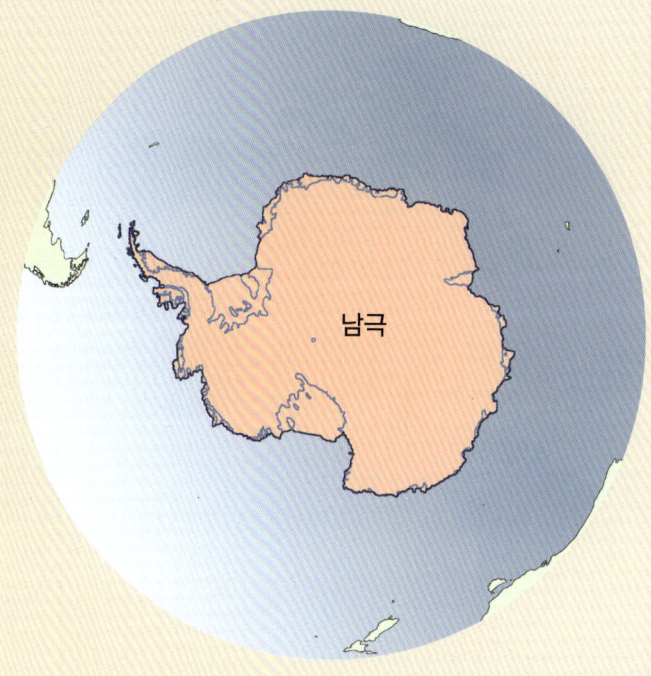

남극 대륙은 지구에서 비가 가장 적게 오는 곳으로 알려져 있다. 지난 200만 년 동안 비가 오지 않았다니 말 다했다. 어지간한 사막보다 더 건조해서 남극을 '하얀 사막'이라고 부르기도 한다.

## 비가 가장 적게 오는 도시

칠레 아타카마 사막 북부에 있는 아리카시는 비가 가장 적게 오는 도시로 알려져 있다. 하지만 태평양이 가까이 있어서 그런지 공기는 비교적 축축한 편이다.

## 눈이 가장 많이 오는 곳

연평균 강설량은 일본을 따라갈 곳이 없다. 일본 혼슈섬 아오모리현 스카유 온천 일대는 1981년부터 2010년까지 줄곧 연평균 17m가 넘는 눈이 내렸다고 한다.

21

# 지구의 기후

지구 답사
**10일째**

지구의 기후는 크게 나무가 자랄 수 있는 기후와 나무가 자랄 수 없는 기후로 나뉜다.
나무가 자랄 수 있는 기후는 다시 기온에 따라 열대·온대·냉대 기후로 나뉜다.
나무가 자랄 수 없는 기후에는 강수량이 적은 건조 기후와 기온이 낮은 한대 기후가 있다.

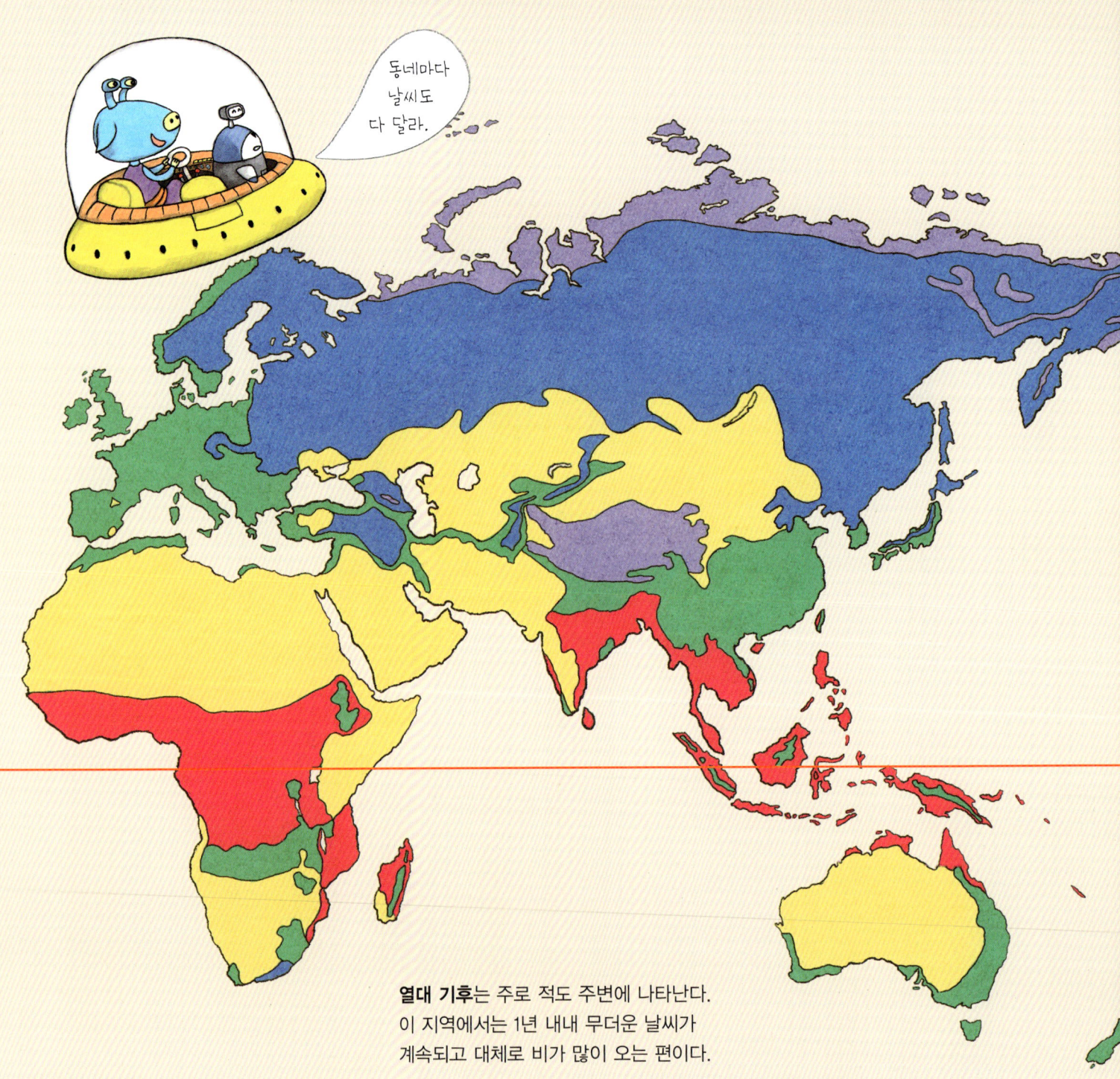

**열대 기후**는 주로 적도 주변에 나타난다.
이 지역에서는 1년 내내 무더운 날씨가
계속되고 대체로 비가 많이 오는 편이다.

**온대 기후 지역**은 계절에 따라 날씨가 다르다.
지나치게 춥거나 덥지 않고 비도 적당히 내리는 편이라
사람이 살기 좋다. 따라서 일찍부터 문명이 발달하고
인구 밀도도 높다.

지구의 기후는 주로 위도에 따라 달라진다. 적도 부근에 있는 지역은 1년 내내 덥고, 양쪽 극지방은 1년 내내 추우며, 그 사이에 있는 지역은 봄·여름·가을·겨울 계절마다 날씨가 다르다.

적도

**건조 기후 지역**은 연 강수량이 500mm도 되지 않아서 풀과 나무가 자라기 어렵다. 사막이나 초원으로 이루어져 있는데, 강수량보다 증발량이 많아 늘 물이 부족하다.

**냉대 기후 지역**은 겨울이 무척 길고 추운데 비해 여름은 무척 짧고 따뜻하다. 사철 비가 많이 오는 곳과 겨울이면 몹시 건조한 곳으로 나뉜다. 냉대 기후 지역 북부에는 '타이가'라는 침엽수림이 발달했다.

**한대 기후**는 남극과 북극 주변에 나타난다. 짧은 여름이 돌아오면 그나마 기온이 영상으로 올라가는 곳도 있고, 1년 내내 눈과 얼음이 녹지 않는 곳도 있다. 어떤 곳이든 가장 따뜻한 달도 영상 10℃를 넘지 않는다.

- 한대 기후
- 냉대 기후
- 열대 기후
- 온대 기후
- 건조 기후

# 지구의 자연 재해

지구 답사
11일째

지구에서는 해마다 수많은 사람과 동물들이 자연 재해로 피해를 입는다.
태풍과 지진이 대표적인 자연 재해이다.

북서 태평양 지역에서는
태풍 또는 타이푼

인도양 지역에서는
사이클론

덜덜덜,
무시무시해!

여름철 적도 부근에서 생겨난 태풍은 1초에 17m가 넘는 빠른 속도로 움직이며 엄청난 비바람을 일으킨다. 하지만 태풍이 사람과 동물에게 늘 해만 끼치는 것은 아니다. 많은 비로 여름철에 부족하기 쉬운 물을 공급해 주고, 세찬 바람으로 바닷물을 휘저어 바다 생태계가 균형을 이루도록 해 준다.

북중 아메리카 지역에서는
허리케인

그 밖에도 홍수, 가뭄, 해일, 한파, 폭염, 산불 같은 자연 재해가 지구 곳곳에서 끊임없이 일어난다.

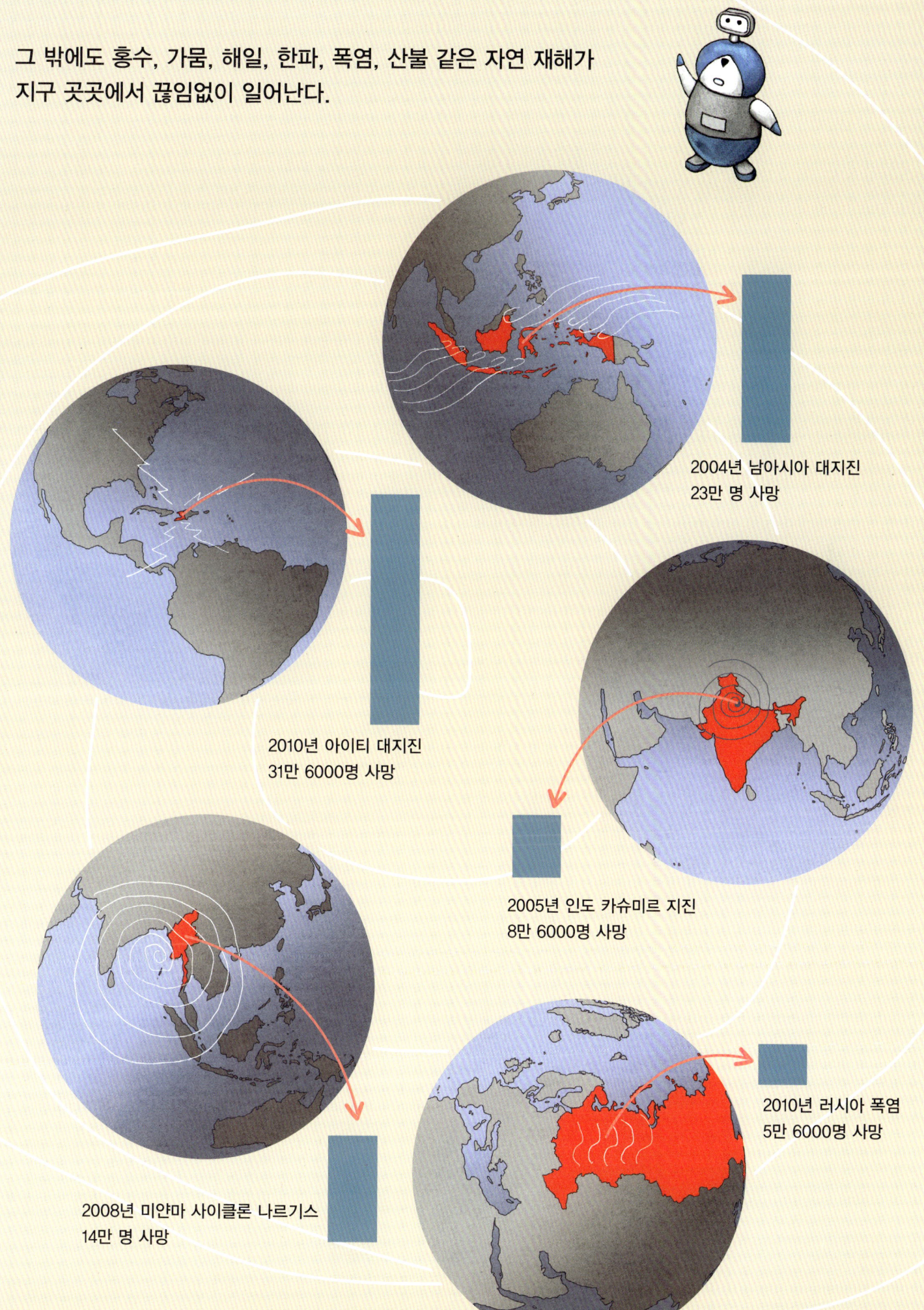

2004년 남아시아 대지진
23만 명 사망

2010년 아이티 대지진
31만 6000명 사망

2005년 인도 카슈미르 지진
8만 6000명 사망

2008년 미얀마 사이클론 나르기스
14만 명 사망

2010년 러시아 폭염
5만 6000명 사망

# 지구의 신기한 동물들

지구 답사 **12일째**

지구에는 100만 종이 넘는 다양한 동물들이 살고 있다.
그중 가장 커다란 동물은 5대양을 안방처럼 헤엄쳐 다니는 흰긴수염고래다.

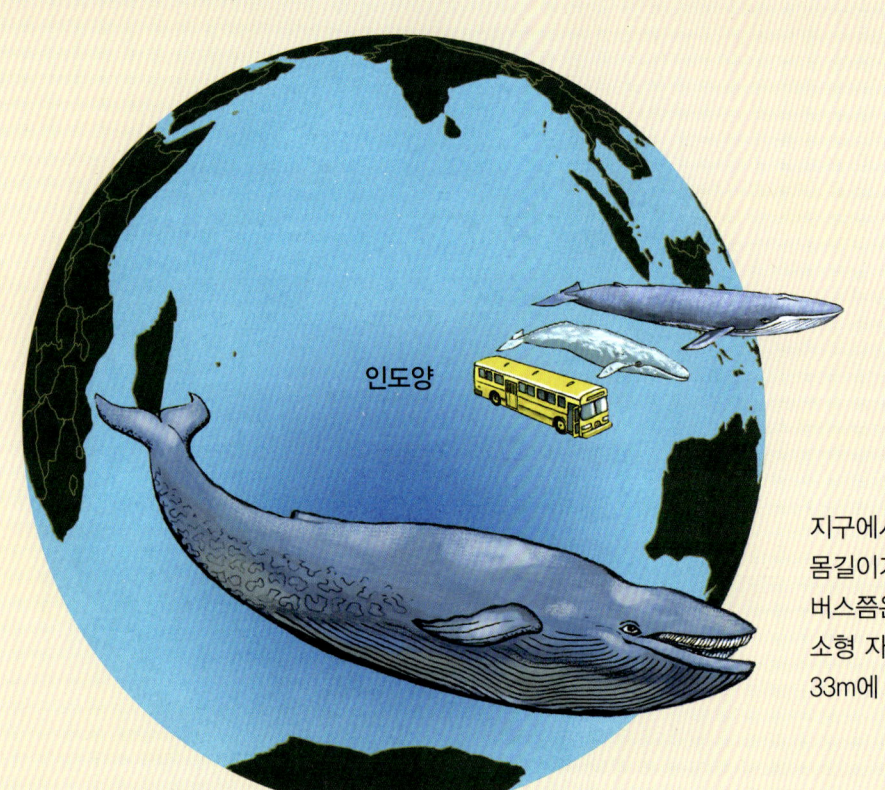

인도양

지구에서 가장 커다란 동물인 흰긴수염고래는 몸길이가 20~30m나 된다. 45명이 정원인 버스쯤은 상대도 되지 않는다. 심장만 해도 소형 자동차만 하고, 가장 큰 녀석은 몸길이가 33m에 몸무게가 179t에 이른다고 한다.

북극곰이 사는 곳

가장 큰 육식 동물은 북극곰이다. 몸길이 2.5m, 몸무게 0.5t에 이르는 몸을 유지하기 위해서는 사람보다 일곱 배나 많은 먹이를 먹어야 한다. 북극곰은 얼어붙은 바다 위를 돌아다니며 바다표범을 사냥하는데, 지구 온난화로 얼음이 녹으면서 먹이 사냥이 점점 더 힘들어지고 있다.

지구 곳곳에는 신기한 동물들이 많다. 이 동물들은 자기네가 사는 환경에 맞게 진화해 온 녀석들이다. 하지만 4억 년 전이나 지금이나 한결같은 모습을 하고 있는 녀석도 있다.

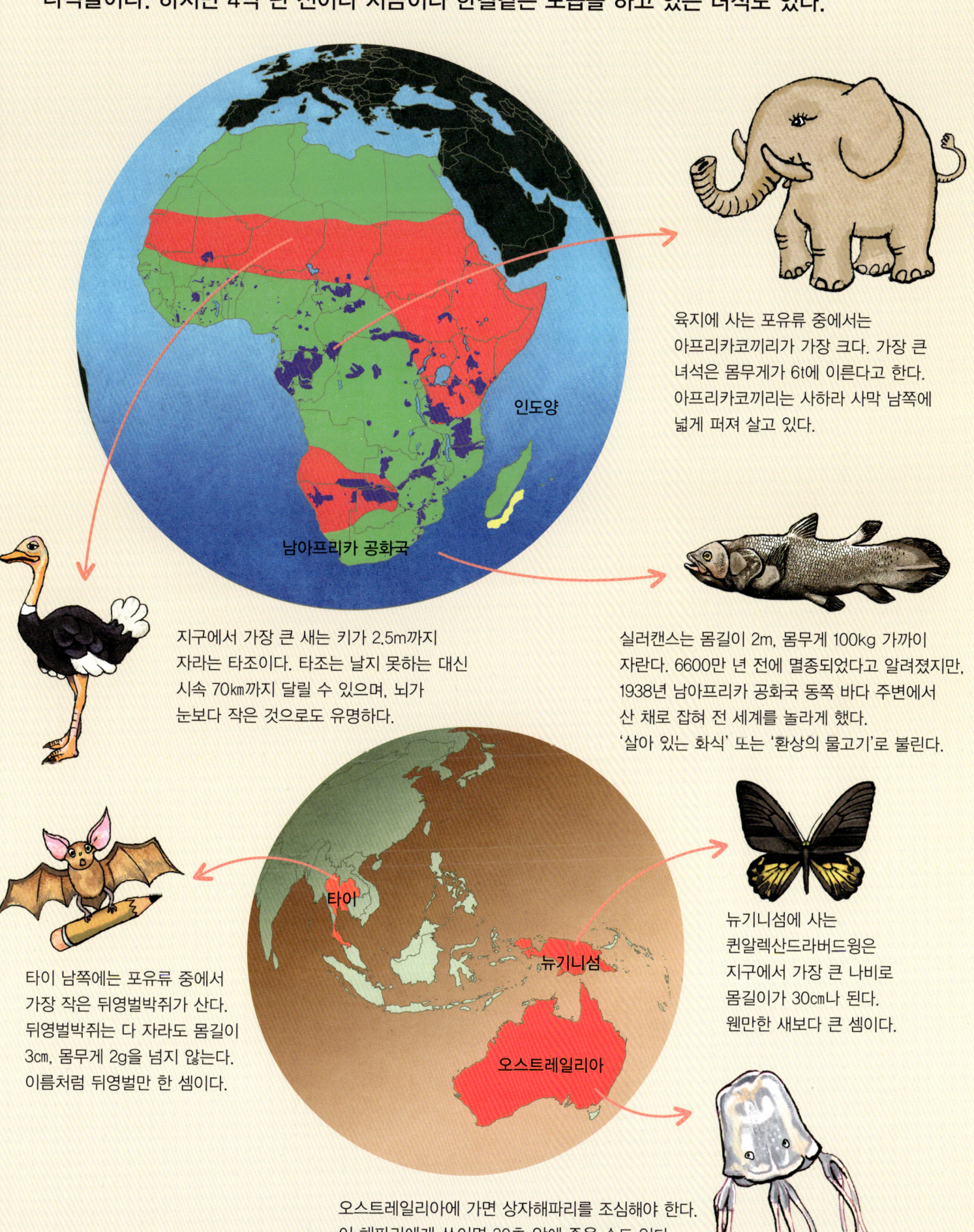

육지에 사는 포유류 중에서는 아프리카코끼리가 가장 크다. 가장 큰 녀석은 몸무게가 6t에 이른다고 한다. 아프리카코끼리는 사하라 사막 남쪽에 넓게 퍼져 살고 있다.

지구에서 가장 큰 새는 키가 2.5m까지 자라는 타조이다. 타조는 날지 못하는 대신 시속 70㎞까지 달릴 수 있으며, 뇌가 눈보다 작은 것으로도 유명하다.

실러캔스는 몸길이 2m, 몸무게 100㎏ 가까이 자란다. 6600만 년 전에 멸종되었다고 알려졌지만, 1938년 남아프리카 공화국 동쪽 바다 주변에서 산 채로 잡혀 전 세계를 놀라게 했다. '살아 있는 화석' 또는 '환상의 물고기'로 불린다.

타이 남쪽에는 포유류 중에서 가장 작은 뒤영벌박쥐가 산다. 뒤영벌박쥐는 다 자라도 몸길이 3㎝, 몸무게 2g을 넘지 않는다. 이름처럼 뒤영벌만 한 셈이다.

뉴기니섬에 사는 퀸알렉산드라버드윙은 지구에서 가장 큰 나비로 몸길이가 30㎝나 된다. 웬만한 새보다 큰 셈이다.

오스트레일리아에 가면 상자해파리를 조심해야 한다. 이 해파리에게 쏘이면 30초 안에 죽을 수도 있다.

# 지구의 신기한 식물들

**지구 답사 13일째**

지구에는 30만 종쯤 되는 다양한 식물들도 있다.
100m가 넘는 나무부터 눈에 보이지도 않는 미생물까지 정말 다양하다.

지구에서 가장 큰 꽃은 인도네시아 수마트라섬에서 자라는 라플레시아이다. 꽃이 1m가 넘으니 아름답다기보다는 징그럽다는 생각이 든다. 심지어 생선 썩는 냄새가 진동을 한다. 꽃병에 꽂아 두기에는 조금 무리가 있을 것 같다.

캄보디아의 뱅골보리수 나무는 앙코르와트 유적지와 거의 한 몸이 되어 살고 있다. 관광객들도 이 신비로운 모습을 무척 좋아했지만, 최근에는 소중한 유적지를 허물어뜨리는 말썽꾼 취급을 받는다.

대나무는 빨리 자라기로 유명하다. 하루에 자그마치 90cm나 자란다.

키 작은 사람은 부럽겠다!

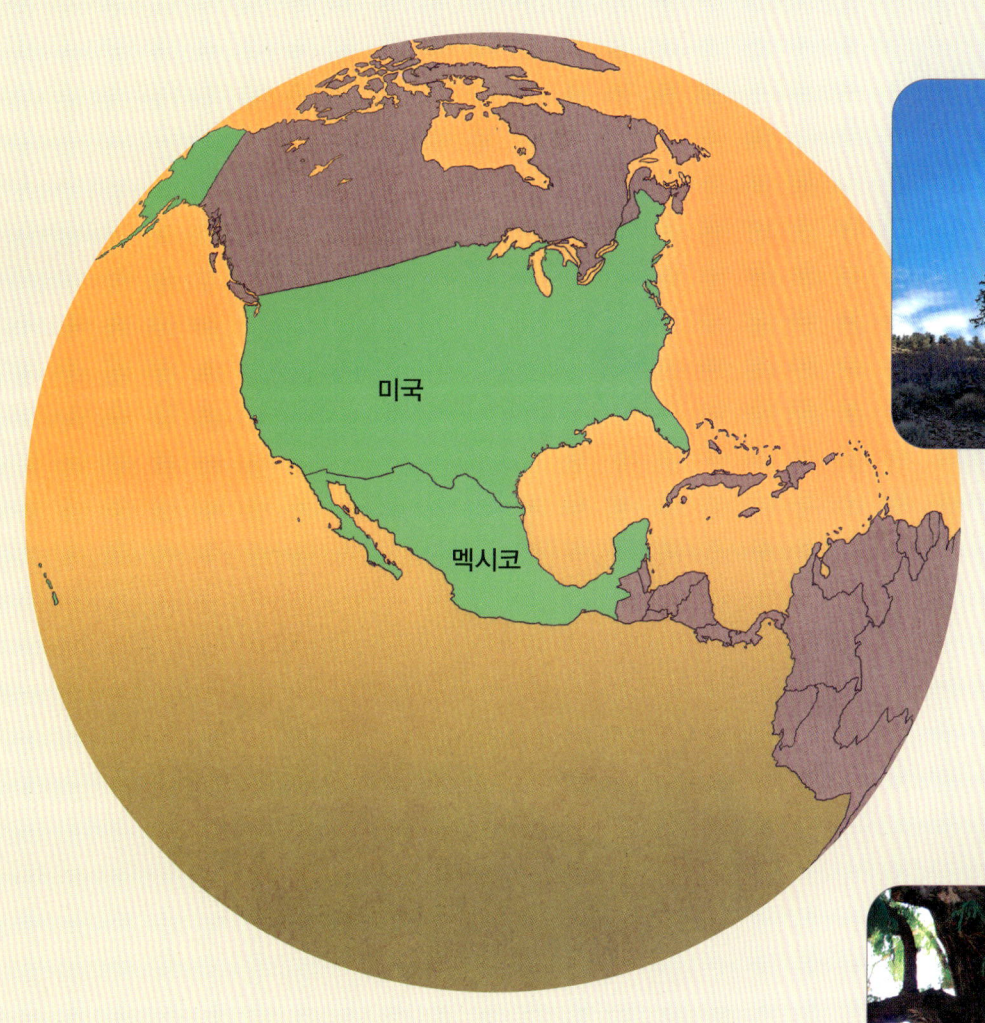

미국 캘리포니아의 므두셀라 나무는 4800살이 넘었다고 한다. 므두셀라라는 이름은 969년을 살았다고 하는 성서 속 인물에서 따왔다. 가까운 레드우드 국립공원에는 지구에서 가장 큰 나무도 있다. 하이페리온이라는 이름을 가진 아메리카 삼나무인데 키가 116m, 그러니까 30층 건물 높이쯤 된다.

멕시코 툴레 마을의 산타 마리아 교회에 있는 툴레 나무는 지구에서 가장 뚱뚱한 나무이다. 나무 둘레가 40m를 넘어서 어른 30명이 손을 잡고 늘어서야 겨우 에워쌀 수 있다. 2000살쯤 된 것으로 알려져 있는데, 아직도 자라고 있다고 한다.

어마어마 하군!

남아프리카 공화국 선랜드 농장에 있는 바오밥 나무는 둘레가 34m나 된다. 이 나무는 속이 텅 비어서 와인바와 포도주 저장고로 쓰였는데, 2016년 이후 조금씩 무너지더니 2018년에 완전히 두 동강이 나서 예전의 모습을 보기 힘들다.

©JTeessen @Wikimedia Commons(CC-BY-SA 4.0)

# 지구의 인종

지구 답사 **14일째**

지구인은 크게 다섯 개 인종으로 나뉜다. 흔히 황인종이라 부르는 아시아·말레이·아메리카 인종, 백인이라 부르는 유럽 인종, 흑인이라 부르는 아프리카 인종이 있다.

**아시아 인종**
동아시아, 남아시아에
사는 민족들

**아메리카 인종**
수만 년 전 아시아에서 아메리카
대륙으로 이주한 민족들

**아프리카 인종**
아프리카 대륙 중,남부에
사는 민족들

**말레이 인종**
남태평양 폴리네시아와
오스트레일리아 지역에 사는 민족들

**유럽 인종**
유럽, 서아시아, 아프리카 대륙
북부에 사는 민족들

**아프리카인, 지구인의 엄마**

십만 년 전, 모든 지구인은 아프리카 인종처럼 검은 피부색을 가졌다고 한다. 아프리카인 엄마를 둔 자식들은 뿔뿔이 흩어져 다른 대륙으로 여행을 시작했다. 십만 년의 시간 동안 자식이 자식을 낳고 기후와 환경에 적응하면서 아시아인, 유럽인처럼 피부색과 생김새가 다른 인종으로 변화를 해 나간 것이다.

유럽
유라시아
아시아
아프리카

# 지구의 인구

*UN 세계 인구 전망 2019년 자료 기준

지구 답사
15일째

지구에 사는 사람 수는 2020년에 77억 명을 넘어섰다.
그중 절반이 넘는 사람들이 아시아에 살고 있다.

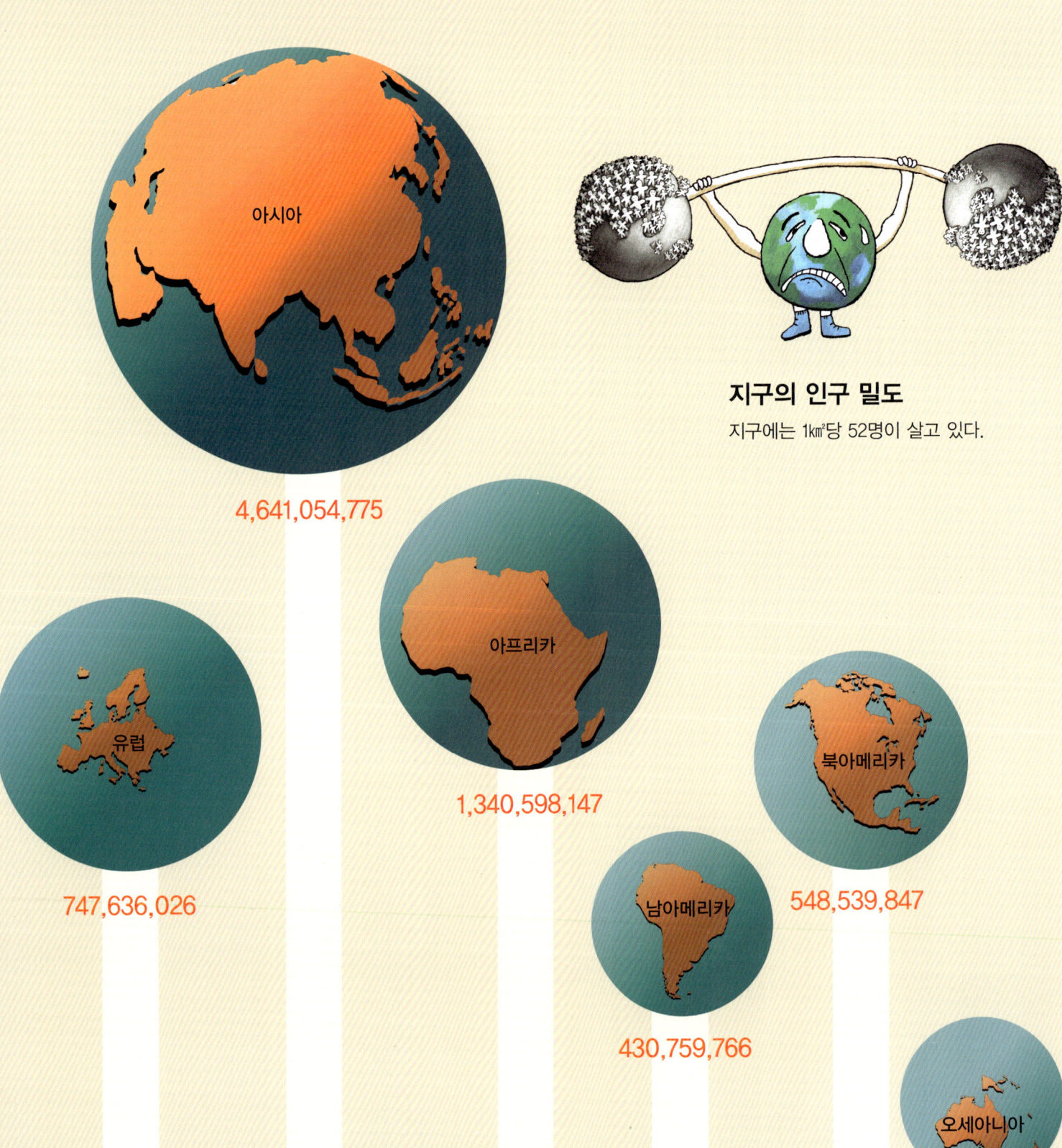

아시아 4,641,054,775

**지구의 인구 밀도**
지구에는 1㎢당 52명이 살고 있다.

유럽 747,636,026

아프리카 1,340,598,147

북아메리카 548,539,847

남아메리카 430,759,766

오세아니아 42,677,813

인구가 가장 많은 나라는 14억 3000만 명이 넘는 중국이다.
그 뒤를 바짝 쫓는 인구 대국은 같은 아시아에 있는 인도로 13억 7000만 명에 이른다.

중국 인구가 정확히 몇 명인지는 누구도 알 수 없다고 한다. 중국 사람들이 한 날 한 시에 뛰면 지구가 흔들릴 거라는 농담도 있다.

2027년이면 인도의 인구가 중국 인구를 넘어서서 1등을 차지할 거라는 예상도 있다.

다음번엔 사람들하고 친구가 되어야겠어.

### 인구 밀도가 가장 높은 나라

유럽의 모나코 왕국은 인구 밀도가 가장 높은 나라이다.
1㎢에 1만 9427명이 다닥다닥 붙어 살고 있다고 보면 된다.

### 인구 밀도가 가장 낮은 나라

아시아에 있는 몽골은 인구 밀도가 세계에서 가장 낮다.
1㎢당 두 명이 살고 있는 셈이다.
몽골에서 오다 가다 사람을 만나기란 참 어려운 일일 것 같다.

## 인구 500만 명이 넘는 대도시

- 아시아 46개
- 북아메리카 12개
- 유럽 6개
- 남아메리카 7개
- 아프리카 8개

"외로워서 그런가 보죠."

"땅도 넓은데 왜 다닥다닥 붙어사나 몰라."

## 인구 밀도가 가장 높은 도시

1. 방글라데시 다카 — 4만 1000명/㎢
2. 소말리아 모가디슈 — 2만 8200명/㎢
3. 인도 수라트 — 2만 7400명/㎢
4. 인도 뭄바이 — 2만 6900명/㎢
5. 중국 마카오 — 2만 6400명/㎢
6. 중국 홍콩 — 2만 6100명/㎢
7. 콩고 치카파 — 2만 5400명/㎢
8. 시리아 라카 — 2만 4800명/㎢
9. 콩고 부카부 — 2만 3300명/㎢
10. 인도 무자파르나가르 — 2만 3000명/㎢

* Demographia 2019년 보고서 기준

### 세계 최초의 대도시, 우루크
이라크 남부에 있는 우루크는 기원전 4000년쯤 만들어진 고대 도시이다. 우루크에는 8만 명에 이르는 사람들이 성벽 안에 모여 살았다고 한다.

# 지구 사람들의 출산율과 기대 수명

**지구 답사 17일째**

아프리카 대륙에서는 아기들이 많이 태어난다.
하지만 안타깝게도 가장 기대 수명이 짧은 나라들도 아프리카에 몰려 있다.

출산율은 니제르, 앙골라, 콩고 민주 공화국 순으로 높고, 기대 수명은 아프가니스탄, 레소토, 잠비아 순으로 짧다. 어쨌거나 대부분 아프리카에 있는 나라들이다.

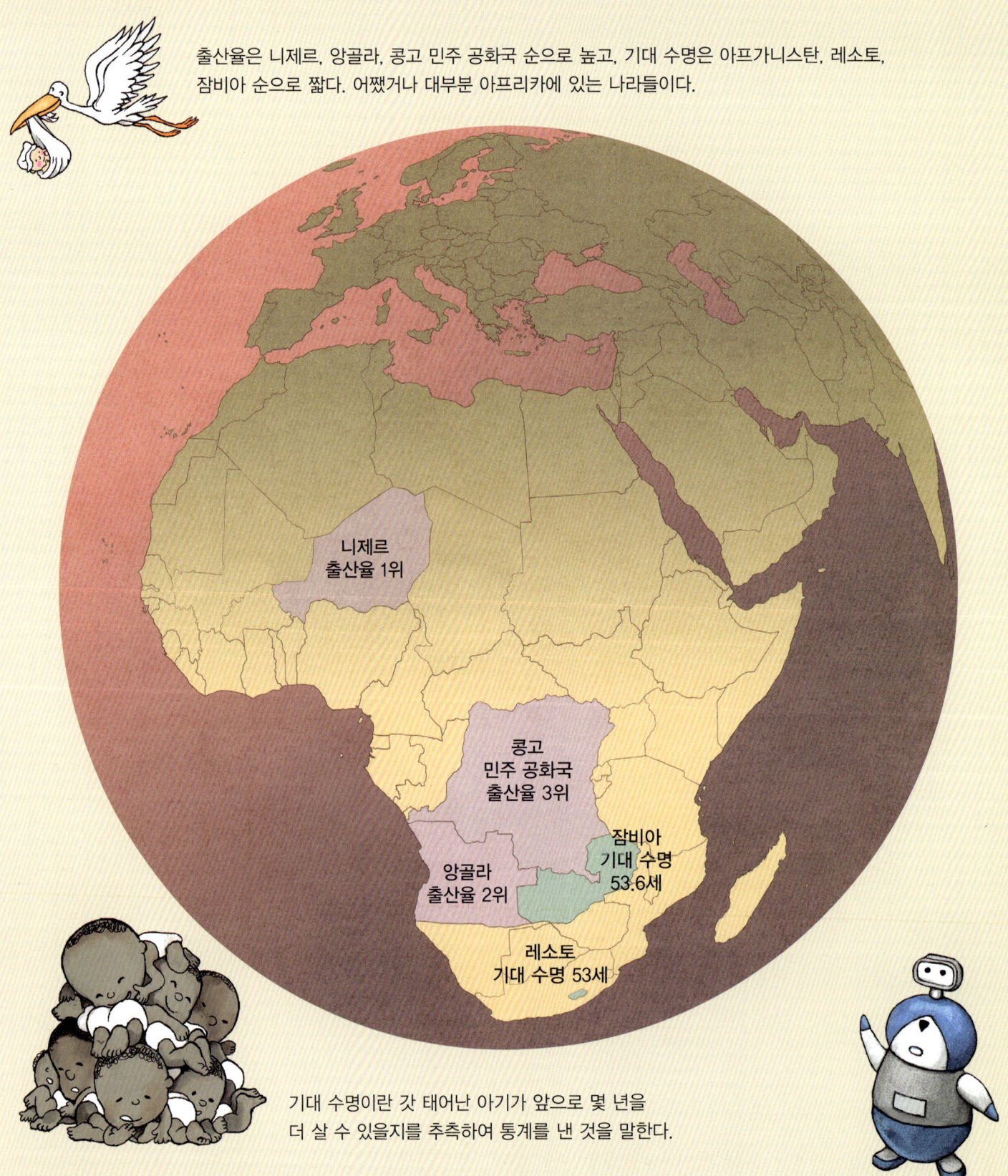

니제르 출산율 1위

콩고 민주 공화국 출산율 3위

앙골라 출산율 2위

잠비아 기대 수명 53.6세

레소토 기대 수명 53세

기대 수명이란 갓 태어난 아기가 앞으로 몇 년을 더 살 수 있을지를 추측하여 통계를 낸 것을 말한다.

* 미국 CIA World Fact Book 2020년 자료 기준

 모나코, 일본, 싱가포르, 한국 같은 나라는 기대 수명이 매우 길다.
하지만 그만큼 아기들도 적게 태어난다.

왜 오래 사는 나라 사람들은 아기를 적게 낳을까?

프랑스

모나코
출산율 하위
기대 수명 89.3세

한국
출산율 하위
기대 수명 82.6세

일본
출산율 하위
기대 수명 86세

말레이시아

싱가포르
출산율 최하위
기대 수명 86세

출산율은 싱가포르, 대만, 한국 순으로 낮고,
기대 수명은 모나코, 일본, 싱가포르 순으로 길다.

# 지구의 부

**지구 답사 18일째**

안타깝게도 지구의 여러 나라들이 골고루 잘 먹고 잘 살지는 못한다. 어떤 나라에서는 어린이들이 하루에 한 끼 먹기도 힘든데, 어떤 나라에서는 그 아이들을 다 먹이고도 남을 만한 음식을 쓰레기로 버리기도 한다.

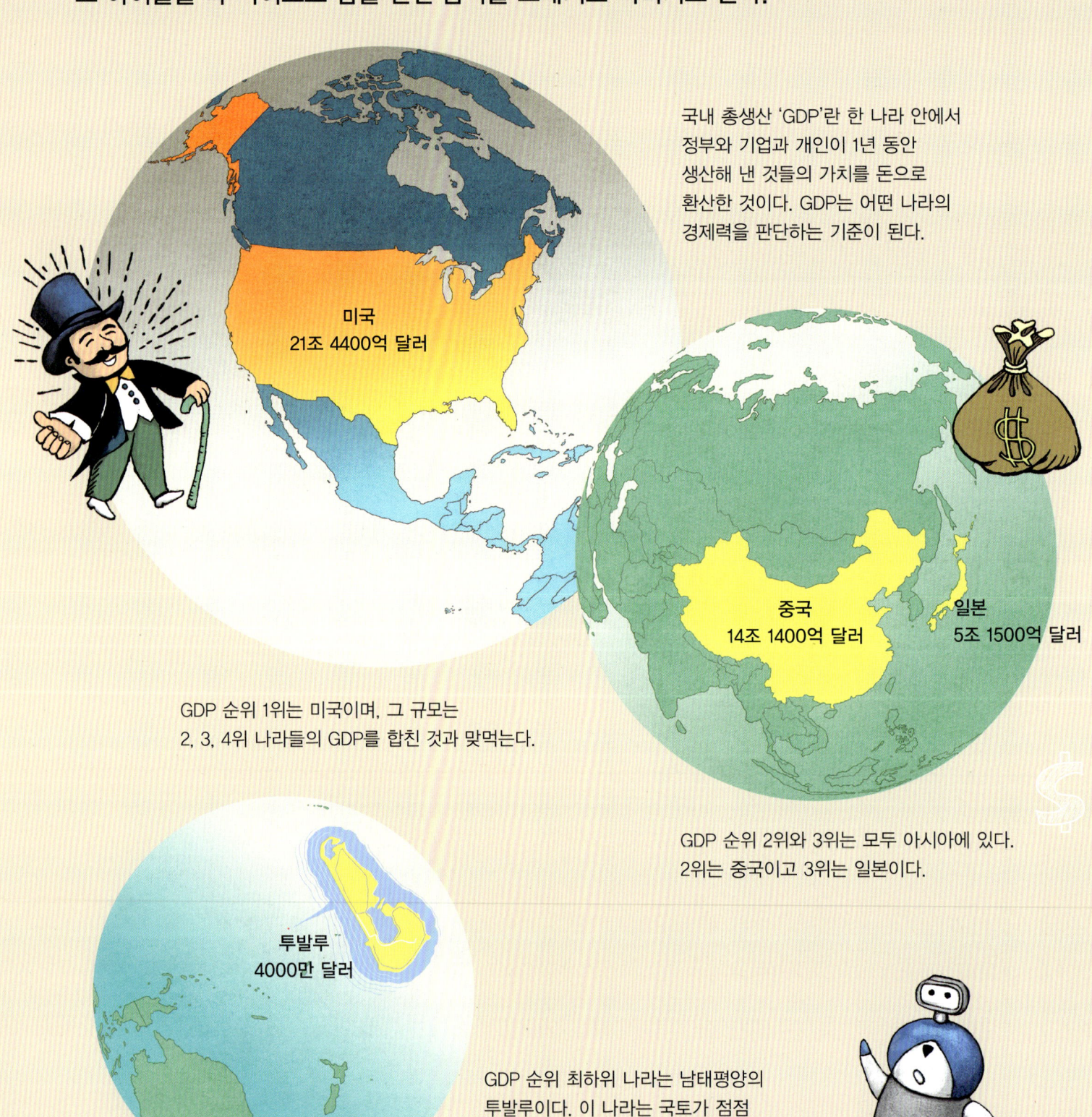

국내 총생산 'GDP'란 한 나라 안에서 정부와 기업과 개인이 1년 동안 생산해 낸 것들의 가치를 돈으로 환산한 것이다. GDP는 어떤 나라의 경제력을 판단하는 기준이 된다.

미국 21조 4400억 달러

중국 14조 1400억 달러

일본 5조 1500억 달러

투발루 4000만 달러

GDP 순위 1위는 미국이며, 그 규모는 2, 3, 4위 나라들의 GDP를 합친 것과 맞먹는다.

GDP 순위 2위와 3위는 모두 아시아에 있다. 2위는 중국이고 3위는 일본이다.

GDP 순위 최하위 나라는 남태평양의 투발루이다. 이 나라는 국토가 점점 물에 잠기고 있어서 안타까움을 더한다.

*GDP 통계: 2019년 IMF 기준

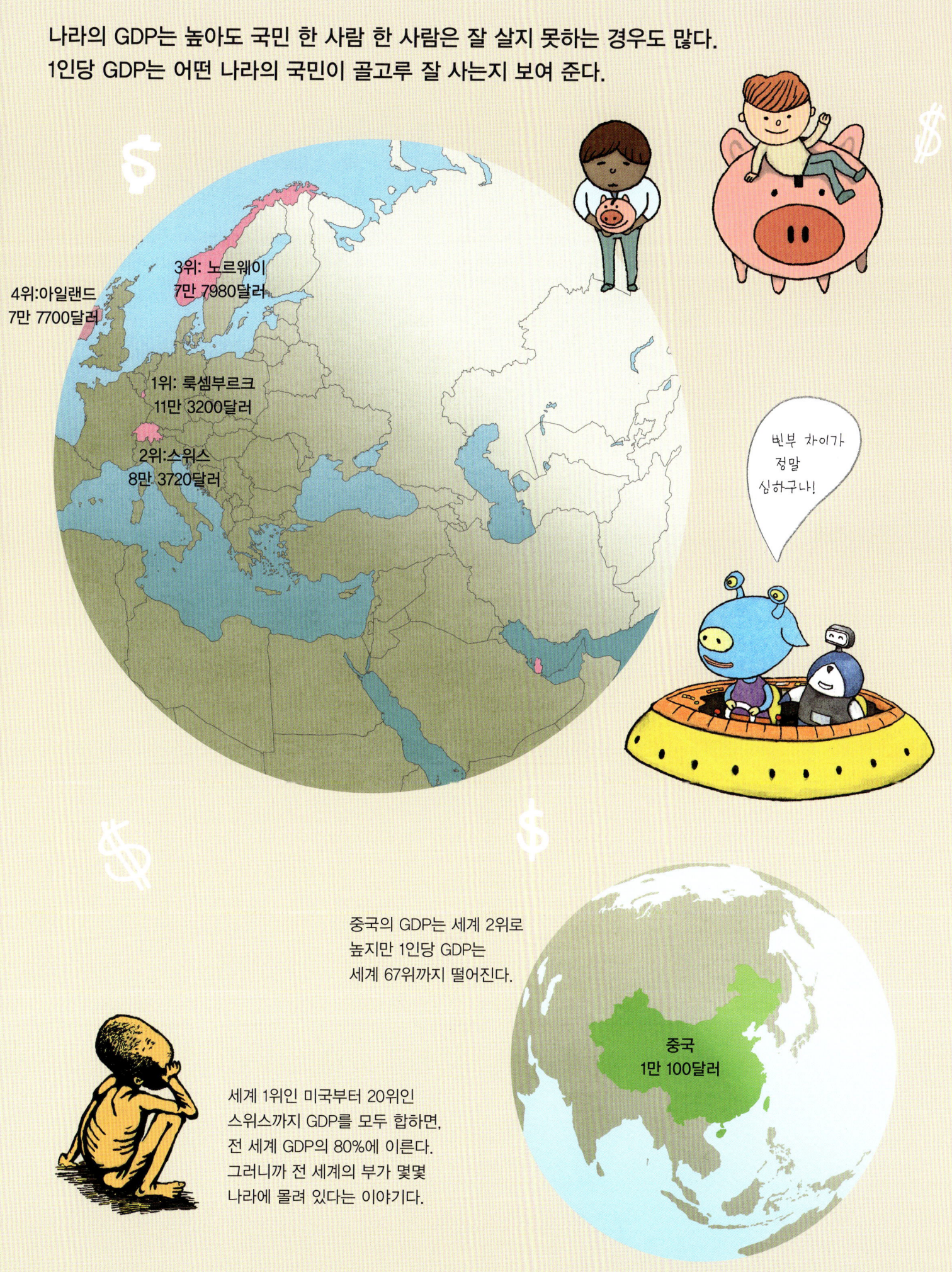

# 지구 여러 나라의 물가

지구 답사
19일째

지구에서는 같은 돈을 가지고 시장에 가서 살 수 있는 물건의 양이 나라마다 다르다. 하지만 어떤 나라 사람이든 월급은 많이 받고 물건은 싸게 살 수 있기를 바란다.

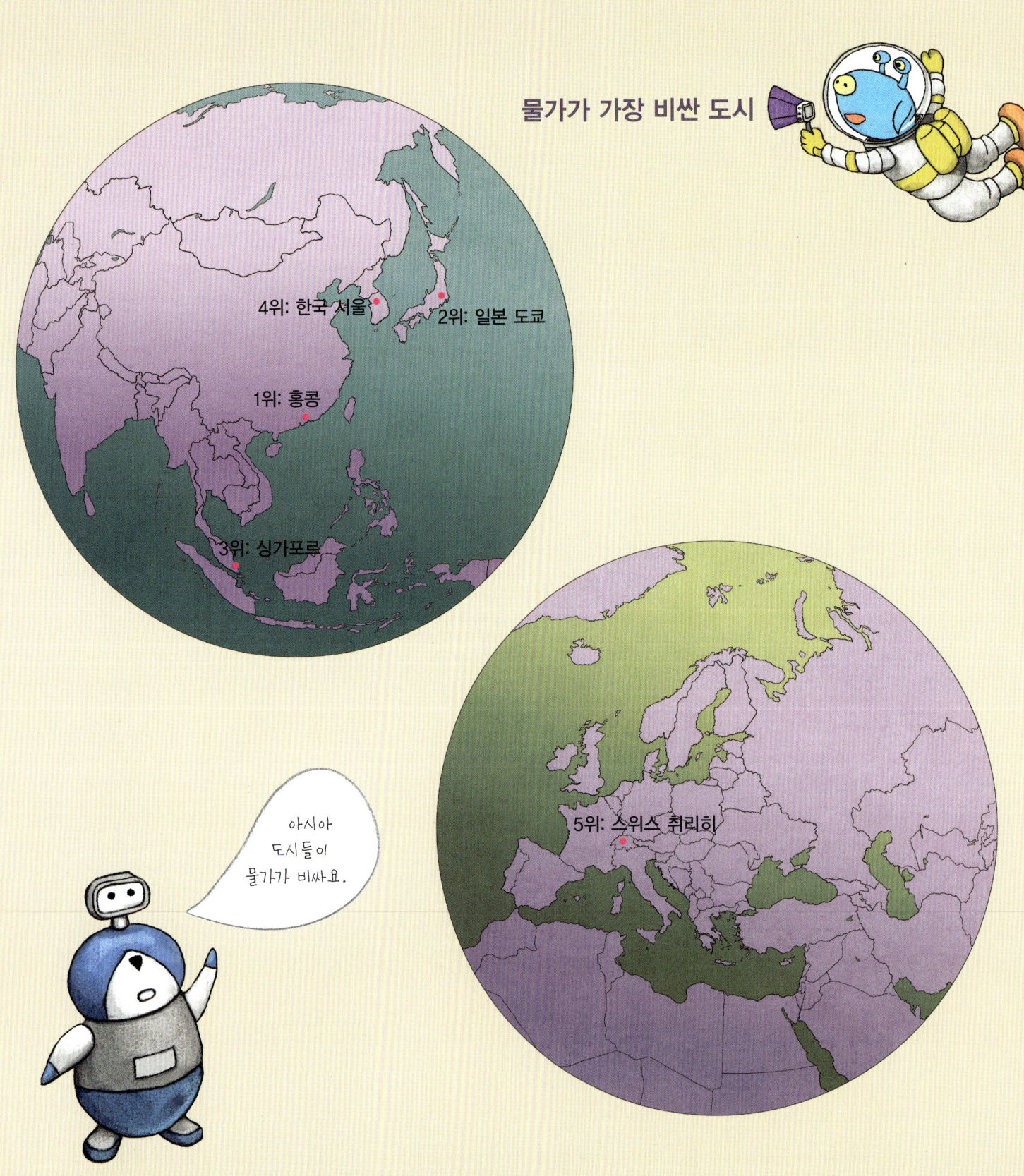

물가가 가장 비싼 도시

4위: 한국 서울
2위: 일본 도쿄
1위: 홍콩
3위: 싱가포르
5위: 스위스 취리히

아시아 도시들이 물가가 비싸요.

*Mercer 2019년 자료 기준

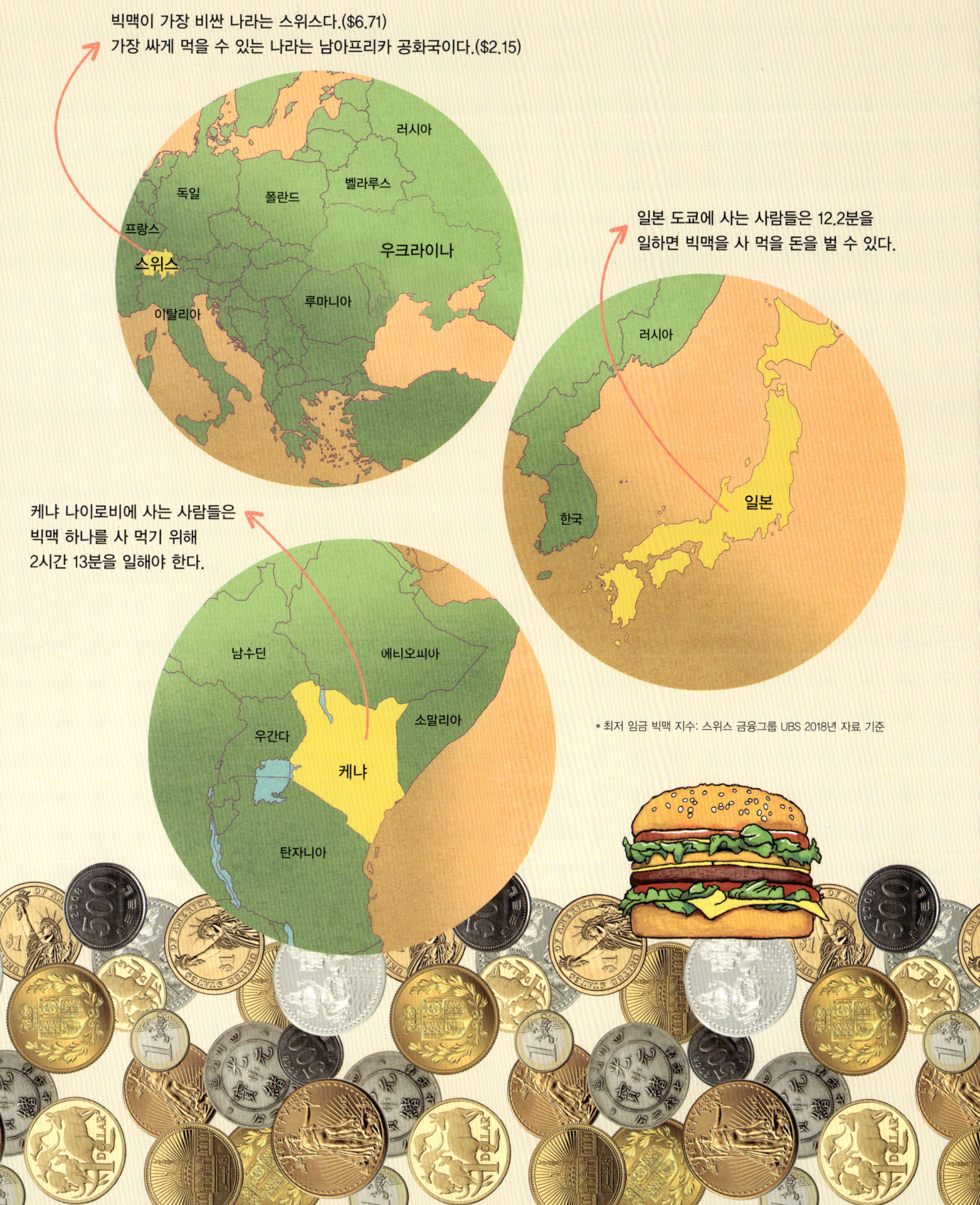

# 지구 사람들의 전기 소비량

지구 답사
20일째

지구의 밤하늘을 비행하다 보면 보석처럼 빛나는 곳도 있고 칠흑처럼 어두운 곳도 있다. 지구의 빈부 격차를 한눈에 보여 주는 것 같아 씁쓸한 기분이 든다.

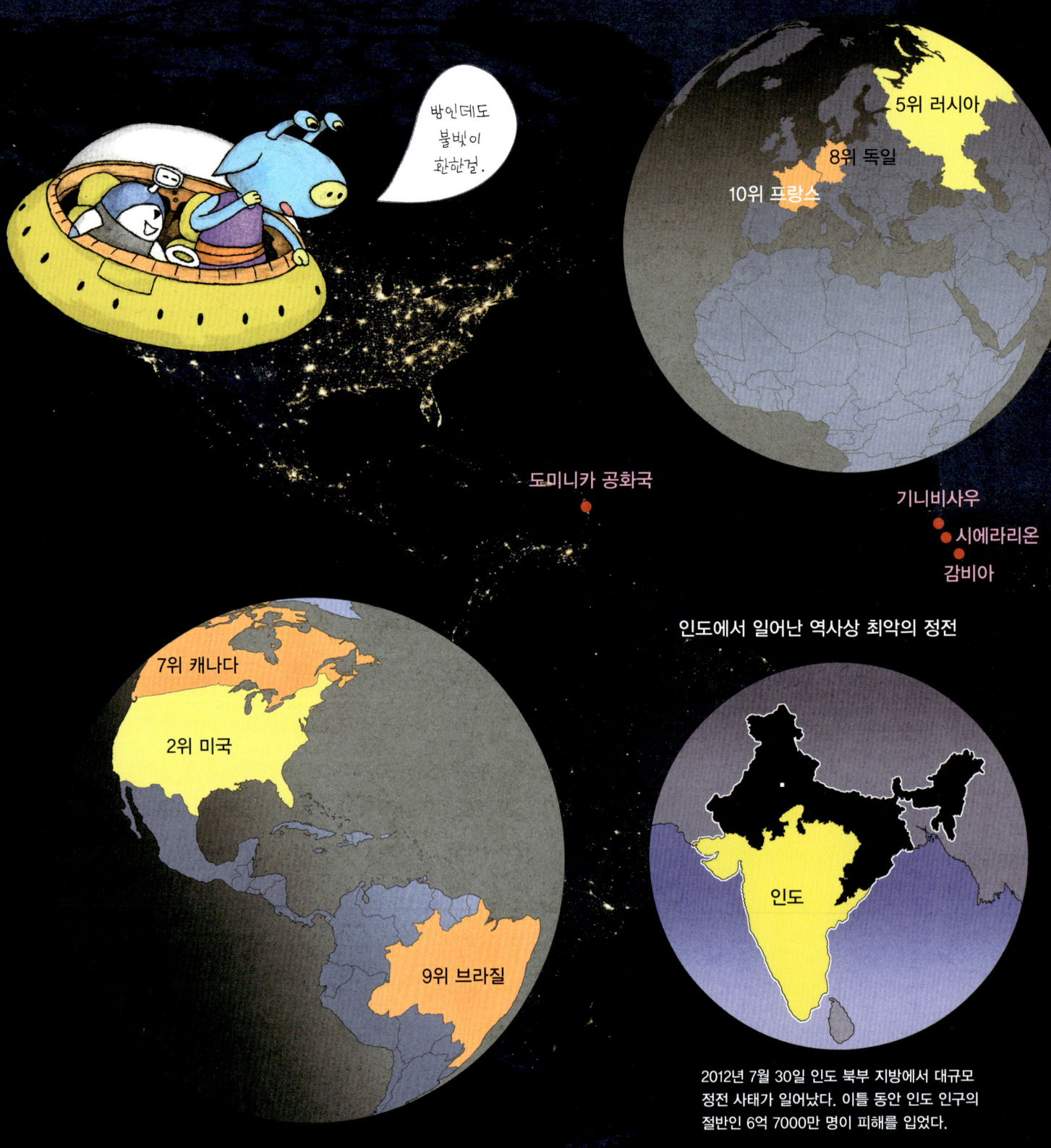

인도에서 일어난 역사상 최악의 정전

2012년 7월 30일 인도 북부 지방에서 대규모 정전 사태가 일어났다. 이틀 동안 인도 인구의 절반인 6억 7000만 명이 피해를 입었다.

*Enerdata 2019년 자료 기준

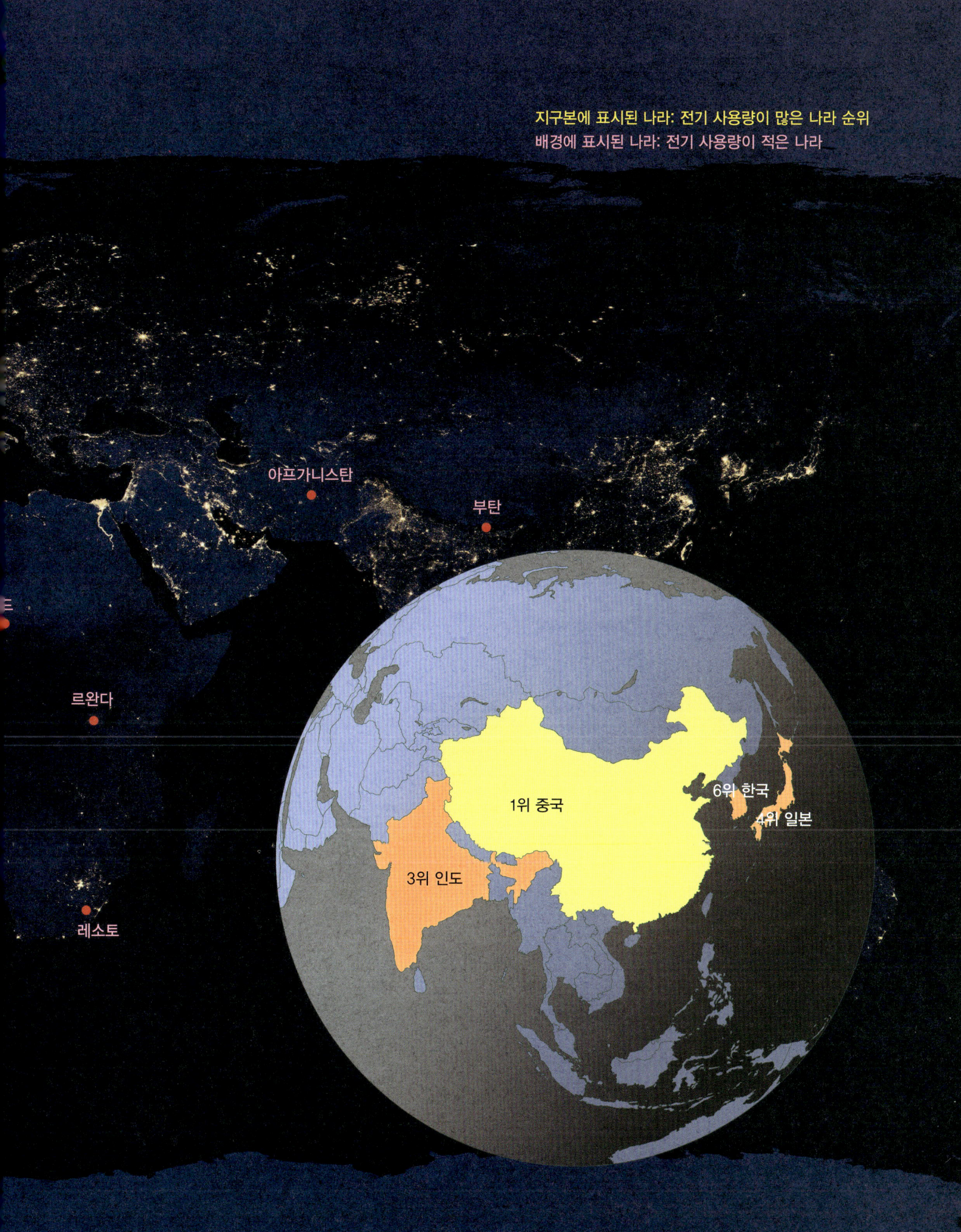

# 지구 여러 나라의 군사비

**지구 답사 21일째**

지구에 사람이 살기 시작한 뒤로 크건 작건 전쟁이 없었던 적이 없다고 한다.
지금도 많은 나라들이 전쟁에 대비하기 위해 군사비로 많은 돈을 쓴다.

서로 사이좋게 지내면, 군사비는 필요없을 텐데.

군사비 지출 1위 미국
6490억 달러

코스타리카

세계 여러 나라의 군사비 지출 순위

GDP 1위인 나라답게 미국의 군사비는 2위에서 10위까지 나라들의 군사비 모두를 더한 것보다 많다.

### 군대가 없는 나라

지구에는 군대가 없는 나라도 꽤 많다. 2019년 기준으로 31개국쯤 된다. 하지만 군대를 버리고 평화를 선택한 나라는 코스타리카뿐이다. 코스타리카는 1948년 군대를 없애고, 이듬해에는 헌법에도 '군대를 금지한다'는 조항을 넣었다. 그리고 국방비를 교육과 문화, 환경을 위해 쓰면서 부유하지는 않지만 행복한 나라로 자리 잡아 가고 있다.

 미국

 중국

 사우디아라비아    인도    프랑스

* 스톡홀름국제평화연구소(Sipri) 2019년 자료 기준

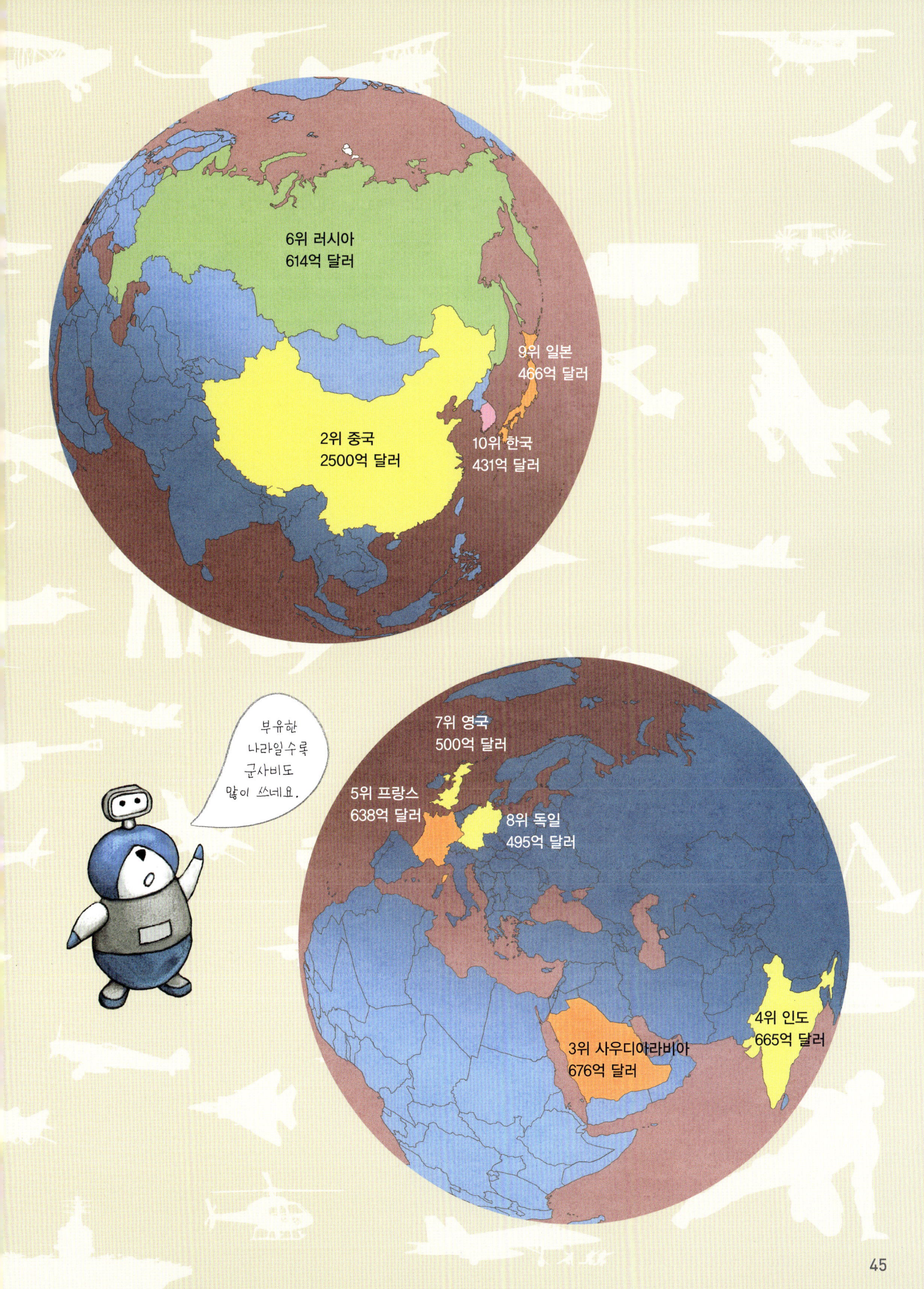

# 지구의 핵무기 보유 국가

**지구 답사 22일째**

핵무기는 지구의 종말을 가져올 수 있는 무시무시한 무기다. 지구의 여러 나라들은 핵전쟁을 막기 위해 다양한 노력을 기울이고 있지만, 여전히 그 위협이 사라지지 않고 있다.

전쟁에 핵폭탄이 쓰인 것은 제2차 세계 대전 때가 유일하다. 미국은 전쟁을 끝내기 위해 일본의 두 도시 히로시마와 나가사키에 핵폭탄을 떨어뜨렸고, 그 위력에 전범국 일본은 무조건 항복을 했다. 1Mt 크기의 핵폭탄 한 발이 도시에 떨어지면 7km 이내의 사람 300만 명이 즉시 사망할 수 있다고 한다. 이런 버섯구름이 눈앞에서 펼쳐진다면, 그 어떤 방법으로도 죽음을 피할 길이 없다.

핵무기를 보유한 두 강대국은 미국과 러시아다.
두 나라는 수십 년 동안 서로를 적으로 여기며 수천 기의 핵무기를 개발해 왔다.

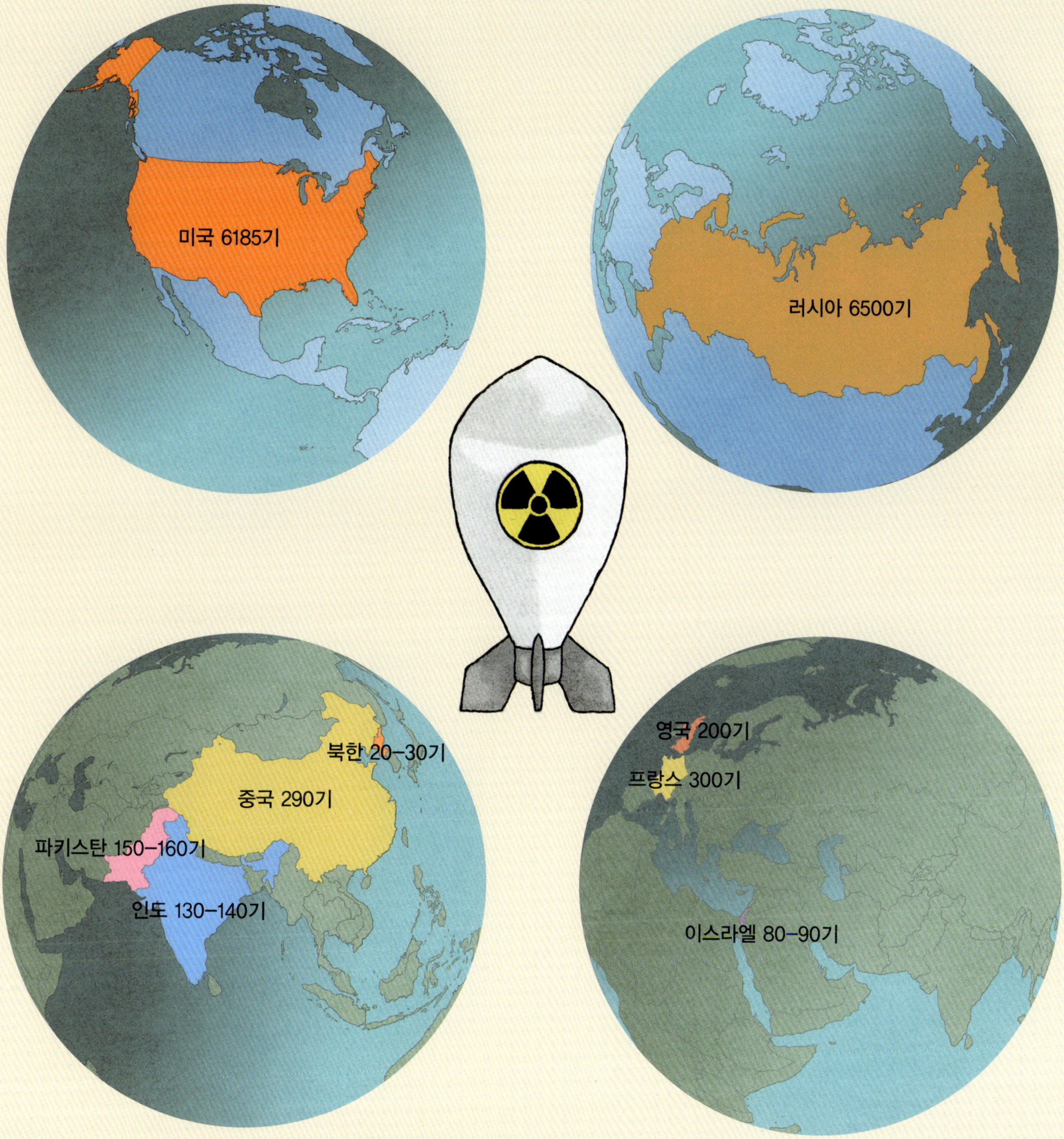

미국 6185기

러시아 6500기

북한 20-30기
중국 290기
파키스탄 150-160기
인도 130-140기

영국 200기
프랑스 300기
이스라엘 80-90기

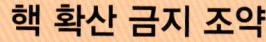
* 스톡홀름국제평화연구소(Sipri) 2019년 자료 기준

**핵 확산 금지 조약**
1970년부터 발효된 조약으로, 미국, 러시아 주도로 시작하여 중국, 영국, 프랑스를 포함한 5개국만 핵무기 보유를 인정하고 5개국을 제외한 가입국의 핵무기 개발, 도입, 보유를 금지하고 있다.

# 지구인들의 일과 여가

지구 답사
**23일째**

지구인들은 잘 먹고 잘 살기 위해 여러 가지 일을 하고 공부도 한다.
하지만 잘 노는 것도 그만큼 중요하지 않을까?

*통계청 2019년 일·가정 양립 지표 기준

세계에서 일하는 시간이 가장 긴 나라는 멕시코다. 1년에 2347시간을 일한다.

5위인 한국 사람들의 근로 시간도 만만치않다. 1년에 1967시간을 일한다.

세계에서 학생들의 공부 시간이 가장 긴 나라도 한국이다. 한국의 고등학생들은 1년에 3640시간을 공부한다.

독일 사람들은 일하는 시간이 가장 적다. 1년에 1305시간을 일한다. 멕시코 사람보다 소득은 높으면서 100일 정도를 더 쉬는 셈이다.

## 지구인들의 휴가

지구인들의 1년 평균 유급 휴가, 그러니까 월급을 받으면서 쉬는 기간은 20일쯤 된다.
유급 휴가 기간이 가장 긴 프랑스의 직장인들은 1년에 30일을 쉰다. 하지만 한국의
직장인들은 1년에 15일밖에 쉬지 못한다.

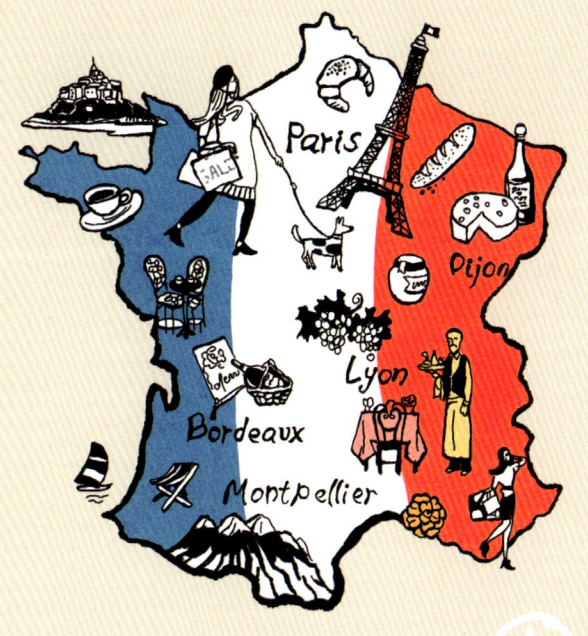

### 나라별 유급 휴가 기간
* Expedia 유급 휴가 사용 현황 조사 2018년 자료 기준

타이 10일

미국, 대만 14일

한국, 싱가포르, 멕시코 15일

말레이시아 16일

캐나다 17일

일본, 인도, 호주, 뉴질랜드 20일

영국 26일

이탈리아 28일

프랑스, 독일, 스페인, 브라질 30일

## 지구인들의 여행

지구인들은 살던 곳을 떠나 먼 곳으로 여행하기를 즐긴다.
새로운 곳에 가서 휴식도 취하고 새로운 것을 배우기도 한다.

가장 많은 관광객이 몰리는 나라는 유럽에 있는 프랑스이다.
한 해 몰려드는 관광객은 프랑스 인구보다 많다.

* 세계관광기구(UNWTO) 2019년 자료 기준

두 번째로 관광객이 많이 찾는 나라는 스페인이다.
한편 해외여행을 가장 많이 가는 사람들은 중국인이다.

# 지구인의 축제 올림픽

지구 답사
24일째

지구인들은 4년에 한 번씩 올림픽이라는 지구촌 체육 대회를 열어 나라들 사이에 있던 긴장감을 풀고 친목을 다진다.

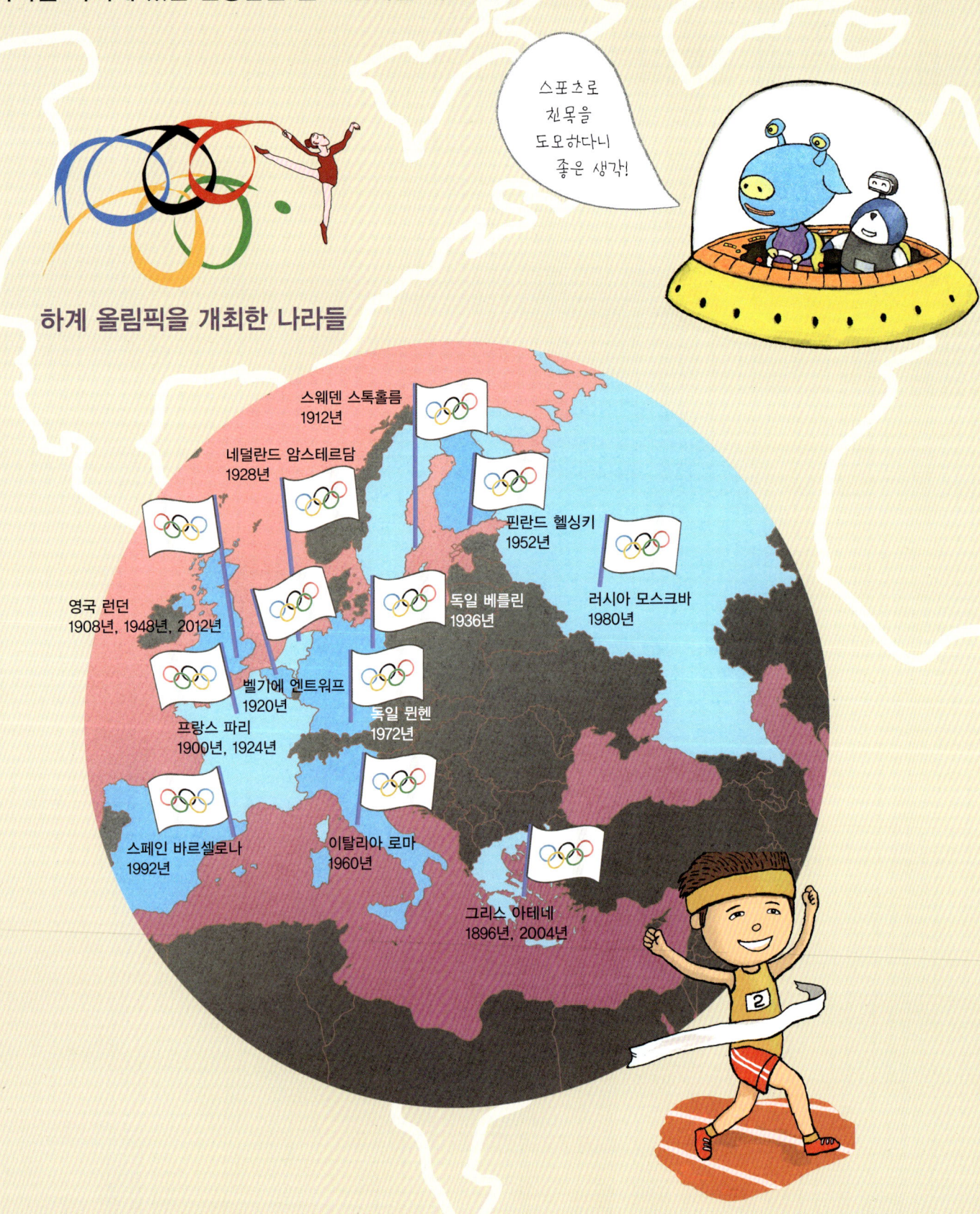

하계 올림픽을 개최한 나라들

올림픽은 자그마치 2700년 전에 그리스에서 시작되었다고 한다.
신들의 제왕 제우스와 아들 헤라클라스가 처음 열었다는 전설이 있다.

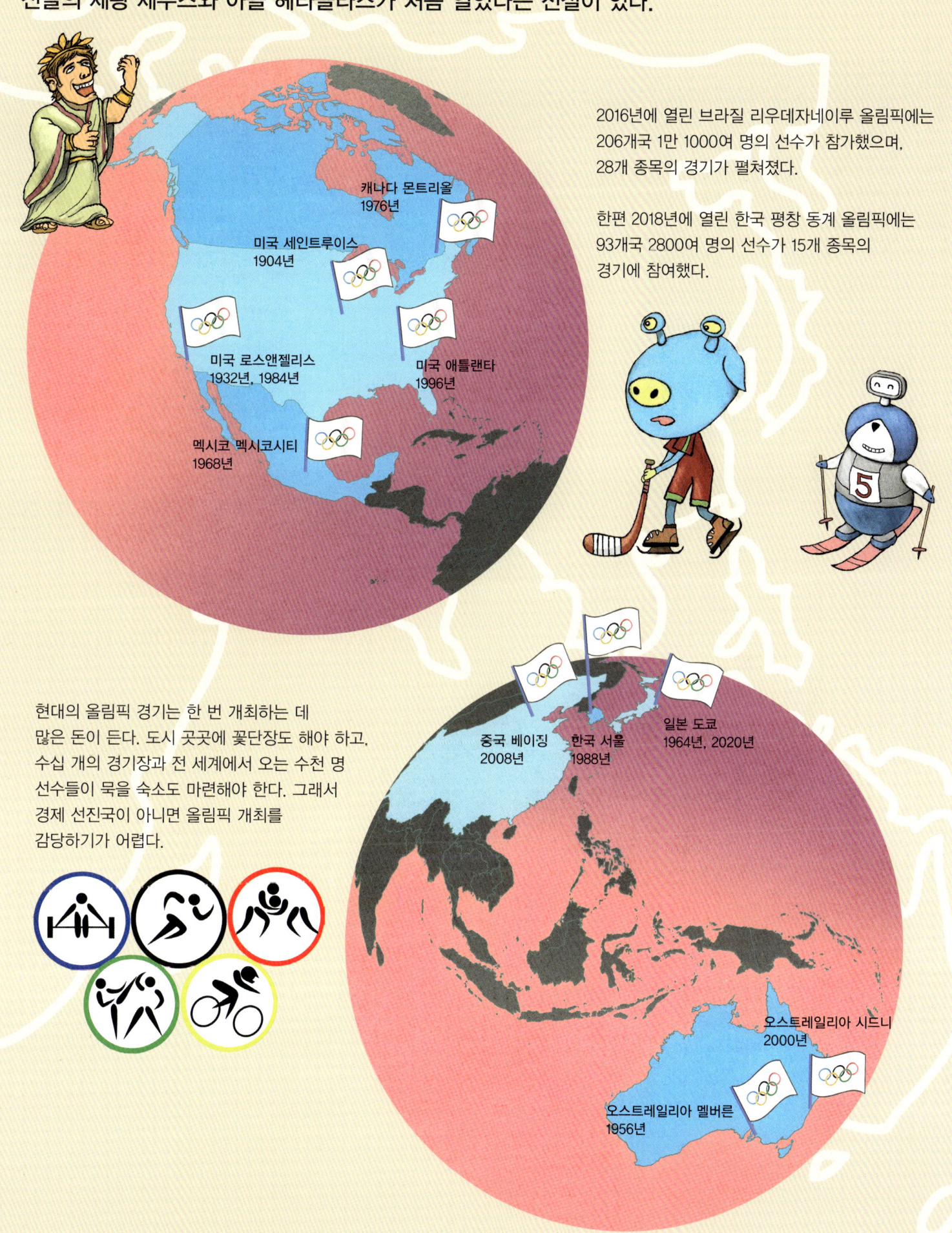

2016년에 열린 브라질 리우데자네이루 올림픽에는 206개국 1만 1000여 명의 선수가 참가했으며, 28개 종목의 경기가 펼쳐졌다.

한편 2018년에 열린 한국 평창 동계 올림픽에는 93개국 2800여 명의 선수가 15개 종목의 경기에 참여했다.

캐나다 몬트리올
1976년

미국 세인트루이스
1904년

미국 로스앤젤리스
1932년, 1984년

미국 애틀랜타
1996년

멕시코 멕시코시티
1968년

현대의 올림픽 경기는 한 번 개최하는 데 많은 돈이 든다. 도시 곳곳에 꽃단장도 해야 하고, 수십 개의 경기장과 전 세계에서 오는 수천 명 선수들이 묵을 숙소도 마련해야 한다. 그래서 경제 선진국이 아니면 올림픽 개최를 감당하기가 어렵다.

중국 베이징
2008년

한국 서울
1988년

일본 도쿄
1964년, 2020년

오스트레일리아 시드니
2000년

오스트레일리아 멜버른
1956년

# 지구의 문명

지구 답사 25일째

사람들이 지구의 주인 노릇을 하며 살 수 있는 것은 문명을 이루었기 때문이다.
지구의 문명은 어느 곳에서 어떻게 시작되었을까?

원시 인류는 이곳저곳을 떠돌며 사냥과 채집으로 먹고살다가 농사짓는 법을 배우면서 마을을 이루고 머물러 살게 되었다. 마을은 점점 커져서 도시를 이루고, 도시들이 모여 나라로 발전했다. 그러면서 여러 가지 법과 제도가 만들어졌는데 이를 문명이라고 한다.

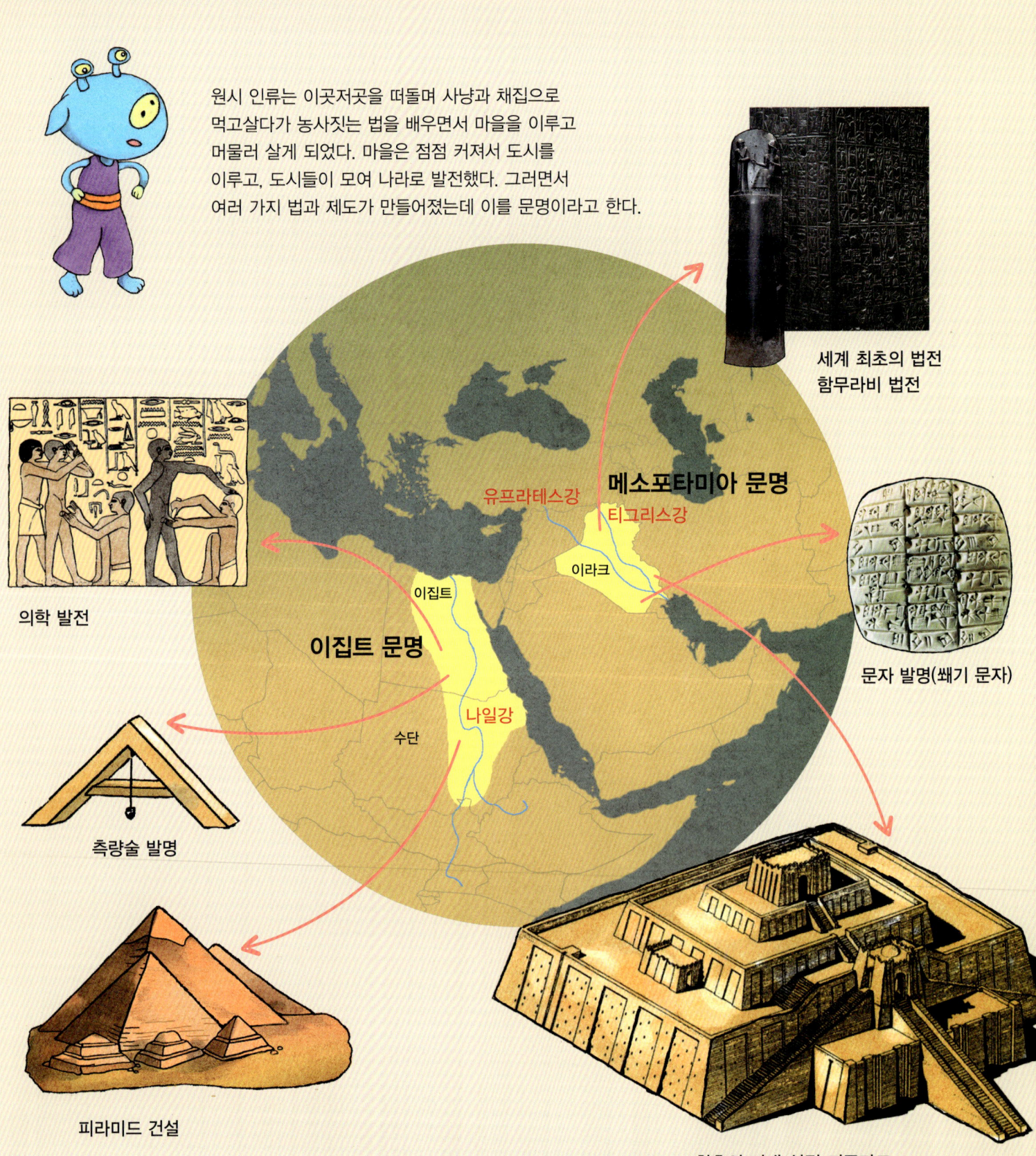

세계 최초의 법전 함무라비 법전

문자 발명(쐐기 문자)

의학 발전

메소포타미아 문명
유프라테스강
티그리스강
이라크

이집트 문명
이집트
나일강
수단

측량술 발명

피라미드 건설

최초의 거대 신전 지구라트

그림 문자 발명

가축과 농작물 재배 발전

공중 목욕장

황허 문명

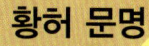
중국 황허강

파키스탄
인더스강
인도
인더스 문명

토기 제작 발전

도로망 건설과 무역

갑골 문자 발명

# 지구의 언어

지구 답사 26일째

지구인들은 민족마다 나라마다 서로 다른 말을 사용한다. 지금 쓰이는 말의 종류만 7000가지가 넘는다고 한다. 하지만 글자의 종류는 50가지쯤 된다.

지구인들의 다양한 인사말과 문자

* Ethnologue 2020년 자료 기준

중국어는 지구에서 가장 많은 사람들이 쓰는
언어이다. 14억 명이나 되는 중국인들이 매일같이
쓰는 말이니 그럴 수밖에 없다.

스페인어는 두 번째로 많은
사람들이 쓰는 언어이다.

가장 널리 쓰이는 언어는 영어다.
지구의 동서남북 어느 곳에 가도 영어를
할 줄 아는 사람을 만날 확률이 가장 높다.

스페인어를 모국어로 쓰는 나라는
21개국에 이른다. 대부분 중남미에 있으며,
한때 스페인의 식민지였던 나라들이다.

한때 지구를 주름잡았던 대영제국의 위세는
영어를 세계인의 언어로 만들었다. 지도의 파란
부분은 영어를 공용어로 쓰는 나라들이다.

# 지구의 기록 문화

**지구 답사 27일째**

지구인들은 오래전부터 말을 기록할 수 있는 수단, 즉 문자를 발명하여 발전시켜 왔다. 말은 입 밖으로 뱉으면 곧 사라지지만, 문자는 공간과 시간을 넘어 전해진다. 지구인들은 문자를 써서 다른 지역이나 다른 시간에 사는 사람들과 생각과 경험을 나누며 문명을 더욱 발전시켜 왔다.

### 가장 오래된 문자, 설형 문자
기원전 3000년쯤 수메르 사람들이 만들어서 3000여 년에 걸쳐 메소포타미아 지역에서 쓰인 문자이다. 젖은 점토판 위에 갈대나 금속 펜으로 눌러 새기듯 썼다. 글자의 획이 마치 세모난 쐐기처럼 생겨서 설형 문자, 즉 쐐기 문자라고 한다.

### 가장 과학적인 문자, 한글
한글은 지구에서 드물게 만든 사람이 분명한 문자이다. 자음은 발음 기관을 본떠 만들어서 글자 모양만 봐도 소리를 짐작할 수 있다. 기본 글자에 획을 더해 글자를 늘려가는 방식도 몹시 과학적이다. 모음은 둥근 하늘을 본뜬 'ㆍ'와 평평한 땅을 본뜬 'ㅡ', 서 있는 사람을 본뜬 'ㅣ'를 합해서 만들었다.

### 가장 널리 쓰이는 문자, 로마자
로마자는 기원전 7세기 무렵 중부 이탈리아의 에트루리아 사람들이 서부 그리스 문자를 받아들인 데서 비롯되었다. 로마 사람들이 자기네 말인 라틴어를 표기하는 데 그 문자를 쓰면서 오늘에 이르렀다. 흔히 알파벳이라고 하는 로마자는 영어, 독일어, 프랑스어, 러시아어, 스페인어 들을 기록하는 데 두루 쓰인다.

### 한자와 닮은 듯 다른 문자, 가나
일본인들이 쓰는 문자는 가나라고 하는데, 한자를 간단하게 줄인 모양을 하고 있다. 보통 한자와 섞어서 쓴다.

### 동양의 여러 나라에서 널리 쓰여 온 한자
중국에서 발명된 한자는 사물의 모양을 본떠 만든 상형 문자로 글자 수가 4만 자가 넘는다. 중국, 한국, 일본, 베트남, 싱가포르를 비롯한 동아시아 여러 나라에서 오랫동안 주요 문자로 쓰였다.

글자를 4만 자나 배우려면 머리 좀 아프겠어.

# 종이와 인쇄

### 종이
중국 후한 시대 사람인 채륜은 105년 무렵에 예부터 전해 오던 방법을 정리하고 발전시켜 종이 만드는 방법을 발명했다고 한다. 오늘날 종이를 만드는 방법도 채륜이 발명한 방법과 별반 다르지 않다.

### 금속 활자
먼 옛날에는 책 한 권을 만들려면 손으로 글씨를 일일이 써야 했다. 그 수고를 덜어 준 것이 바로 목판 인쇄술이다. 하지만 나무판에 새긴 글씨는 빨리 닳아져서 오래 쓸 수가 없었기에 금속으로 활자를 만들어 인쇄를 하게 되었다. 한국의 《직지심체요절》은 지금까지 남아 있는 책 중에서 가장 오래된 금속 활자 인쇄본이다.

### 인쇄기
1440년 독일의 구텐베르크는 금속 활자를 이용해 한꺼번에 많은 인쇄물을 찍어 낼 수 있는 방법을 고안해 냈다. 구텐베르크 이전에는 책 한 권을 만드는 데 두 달이 걸렸지만, 이후로는 500권을 일주일 안에 찍어 낼 수 있게 되었다.
구텐베르크의 발명은 유럽에서 학문과 문학이 발달하는 데 큰 역할을 했다.

### 파피루스
이집트 사람들은 파피루스라는 갈대 식물을 가지고 같은 이름의 원시적인 종이를 만들었다.

### 양피지
중국으로부터 종이가 전해지기 전까지 유럽과 서아시아 지역에서는 양의 가죽을 말려서 만든 양피지가 널리 쓰였다. 양피지는 기록을 오래 보존하기에는 좋지만 값이 비싸고 부피가 크고 무거운 것이 흠이었다. 양피지는 기원전 190년경 페르가몬(현재의 터키)에서 처음 발명되었다.

# 지구의 교통수단

지구 답사
**28일째**

지구인들은 무거운 짐을 큰 힘을 들이지 않고 나를 수 있도록,
오래전부터 바퀴라는 위대한 발명품을 만들어 써 왔다.

바퀴는 무거운 짐을 통나무 위에 올려놓고 굴려서 옮기던 데에서 비롯되었다고 한다. 하지만 이런 식으로 짐을 옮기면 통나무 자체가 무거워서 굴리기도 어렵고, 짐을 옮긴 뒤 통나무가 뒤에 남는 어려움이 있었다. 그래서 굴대라고 하는 긴 막대 양쪽 끝에 원판을 끼워 쓰는 방식을 생각해 낸 것으로 보인다.

초기 형태의 바퀴가 발견된 곳
(메소포타미아 지역)

영국, 독일, 프랑스, 터키, 시리아, 이집트, 이라크, 이란

바큇살이 있는 바퀴가 등장한 곳
(히타이트, 이집트 지역)

지구인들이 원판 모양으로 바퀴를 만들어 쓴 것은 기원전 5000년쯤부터라고 한다. 처음에는 통나무를 둥글게 잘라서 쓰다가, 그 뒤에는 판자 세 조각을 맞추어 연결한 형태로 진화했다. 그러다 기원전 2000년쯤에 비로소 지금처럼 바큇살이 있는 바퀴가 등장했다.

최초의 자전거는 1790년 프랑스의 콩데 드 시브락이 나무 바퀴 둘을 잇대어 만들었다고 알려져 있다. 하지만 방향을 조종할 수 있는 제대로 된 자전거는 1817년 독일의 카를 드라이스가 처음 세상에 내놓았다.

1846년 영국의 토머스 핸콕이 고무를 바퀴 둘레에 씌운 타이어를 만들었지만, 이 타이어는 달리다 보면 녹아 버려서 제대로 쓸 수 없었다. 1865년에는 영국의 로버트 윌리엄 톰슨이 마차용으로 공기를 넣은 타이어를 만들었고, 1888년에 이르러서야 자동차에도 쓸 수 있는 타이어가 나왔다. 이 타이어는 영국 수의사 존 보이드 던롭이 아들을 위해 장난감 삼륜차를 만들다가 개발했다고 한다.

오늘날과 같은 형태의 자동차가 탄생한 데는 비슷한 시기에 독일에 살았던 두 인물이 커다란 기여를 했다. 1885년 슈투트가르트에 살던 고트리프 다임러는 엔진을 자전거에 달아 최초의 오토바이를 만들었고, 만하임에서는 카를 벤츠가 휘발유로 가는 3륜 자동차를 발명했다. 두 사람이 각각 만든 회사는 1926년 합병하여 '다임러 벤츠'라는 가장 오래된 자동차 회사가 되었다.

미국의 헨리 포드는 누구나 저렴한 가격으로 자동차를 살 수 있는 시대를 열었다. 미국 디트로이트 인근 디어본시에 자리 잡은 포드 사가 1908년에 출시한 T형 포드는 일반 노동자도 쉽게 살 수 있었다.

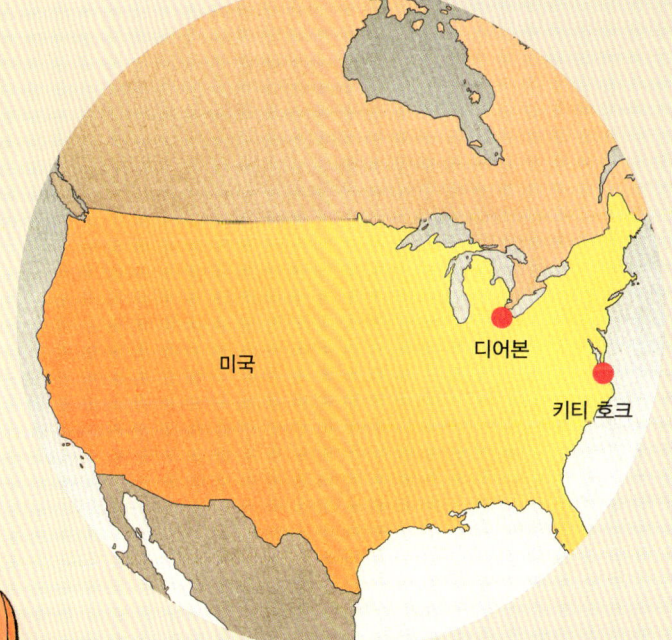

1903년 미국 노스캐롤라이나 주의 키티 호크에서는 아주 중요한 모험이 펼쳐졌다. 윌버 라이트와 오빌 라이트 형제가 하늘을 나는 기계를 만들어 비행에 성공한 것이다. 첫 비행에서는 12초와 59초, 1905년에는 38분을 날았다. 이로써 비로소 인류가 하늘을 나는 시대가 활짝 열렸다.

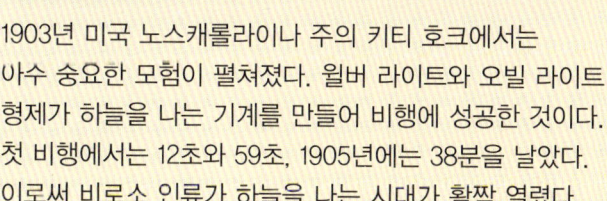

여객 항공기
시속 700km 이상

전투기
시속 3000km 이상

우주 왕복선
시속 3만km 이상

라이트 형제가 살아 있다면 깜짝 놀랄 만한 성능의 비행기들이 여러 나라에서 만들어지고 있다. 수백 명을 한꺼번에 태울 수 있는 여객기, 미사일을 장착하고 전쟁터의 하늘을 나는 전투기. 그리고 우주여행을 하는 우주 왕복선까지. 지구의 과학 기술은 하루가 다르게 발전하고 있다. 물론 우리 우주 비행선을 따라오려면 멀었지만…….

# 지구 어린이들이 좋아하는 캐릭터

지구 답사 29일째

지구 사람들이 만들어 낸 몇몇 이야기 속 주인공들은 동화·만화·영화·연극에 널리 쓰이며 오랫동안 어린이들의 사랑을 듬뿍 받고 있다.

**피터 팬** 제임스 매튜 베리
나이도 먹지 않고 심지어 날아다니기까지 하는 이 남자아이는 1902년 《작은 하얀 새》라는 소설의 등장인물로 처음 세상에 나왔다. 이 소설에 담긴 피터 팬 이야기는 아동극으로 만들어졌다가, 1911년에 다시 《피터와 웬디》라는 동화로 만들어졌다.

**인어 공주** 안데르센
열다섯 살 생일에 처음 바다 위를 구경나왔다가 물에 빠진 인간 왕자를 구해 준다. 왕자에게 한눈에 반해 마녀에게 목소리를 주고 인간으로 변해 찾아가지만 사랑을 이루지는 못한다. 미야자키 하야오 감독의 애니메이션 〈벼랑 위의 포뇨〉도 이 작품에서 많은 영감을 얻은 것 같다.

**드라큘라** 브람 스토커
1897년 브람 스토커가 15세기 루마니아의 영주였던 블라드 체페슈를 모델로 해서 쓴 소설 《흡혈귀 드라큘라》 덕분에 널리 알려졌다. 드라큘라는 '용의 아들'이라는 뜻으로 블라드가 '드라큘(용)'이라는 작위를 받은 아버지를 기리는 뜻에서 스스로 지은 이름이라고 한다.

루마니아 트랜실베니아 드라큘라 성

**신드바드** 서아시아 지역 구전
바그다드의 뱃사람으로 인도양을 일곱 번이나 항해하며 갖가지 모험을 한 끝에 부자가 된다. 서아시아 지역에서 수백 년 동안 입에서 입으로 전해 온 옛이야기 모음집 《천일야화》 속 〈바다의 신드바드 이야기〉의 주인공이다.

**도로시** 프랭크 바움
1900년에 발표된 동화 《오즈의 위대한 마법사》의 주인공. 캔자스 시골 농장에 살다가 회오리바람에 휩쓸려 오즈로 가게 된다. 용기가 필요한 사자, 두뇌가 갖고 싶은 허수아비, 마음이 필요한 양철 나무꾼과 함께 집으로 돌아갈 방법을 찾아 여행한다.

재밌겠다! 우리 별에도 소개해야겠어.

미국

**미키 마우스** 월트 디즈니
월트 디즈니가 만든 만화 영화 가운데 가장 인기 있는 주인공이다. 1928년에 처음 세상에 나와 지금까지 널리 사랑받고 있다. 월트 디즈니는 미키 마우스를 만든 공로로 1932년 아카데미 명예상을 받았다.

# 지구의 멋진 건축물

지구 답사 **30일째**

지구인들은 오랜 옛날부터 멋진 건축물을 열심히도 만들어 왔다. 오늘날 지구인들조차 "외계인이 와서 만들고 갔나?" 할 정도로 커다랗고 높고 신기한 건물들이 많다.

**지구 최대의 버스 터미널 : 인도 델리 밀레니엄파크 버스 터미널**
2010년에 완공되었으며, 한 번에 버스 1000대를 수용할 수 있다.

**지구 최대의 백화점: 한국 부산 신세계 센텀시티**
2009년에 개관했으며, 총 14층 높이다.
부산에서 가장 전기를 많이 쓰는 건물로도 유명하다.

**가장 오래된 목조 건물 : 일본 호류지**
607년에 지어진 불교 사찰로 백제 건축가를 초청해 지었다. 고구려의 담징 스님이 그린 금당 벽화가 걸려 있다.

**가장 높은 곳에 있는 호텔: 리츠 칼튼 홍콩**
홍콩 중심부 ICC빌딩의 102층부터 118층까지 호텔로 사용한다. 맨 꼭대기에 있는 수영장 역시 가장 높은 곳에 있는 수영장이다.

**가장 큰 사원: 캄보디아 앙코르와트**
12세기 크메르 제국 황제 수리야바르만이 지은 사원이다. 한쪽 길이 3.6km의 직사각형 해자로 둘러싸인 요새이기도 하다.

**지구 최대의 박물관: 프랑스 루브르 박물관**
넓이 약 7만㎡, 소장품 38만 점 이상, 하루 평균 방문자 약 1만 5000명으로, 방문자 수나 유명도 면에서 세계 최고다.

**가장 무거운 건물: 루마니아 의회궁**
독재자 차우셰스쿠가 짓기 시작했으나, 1989년 건물이 완공되기 전에 이 독재자는 국민에게 처형당했다. 대리석 100만㎡, 크리스털 3500t, 쇠와 동 70만으로 이루어져 있어 가장 무거운 건물로 손꼽히며, 지구에서 두 번째로 큰 건물이기도 하다.

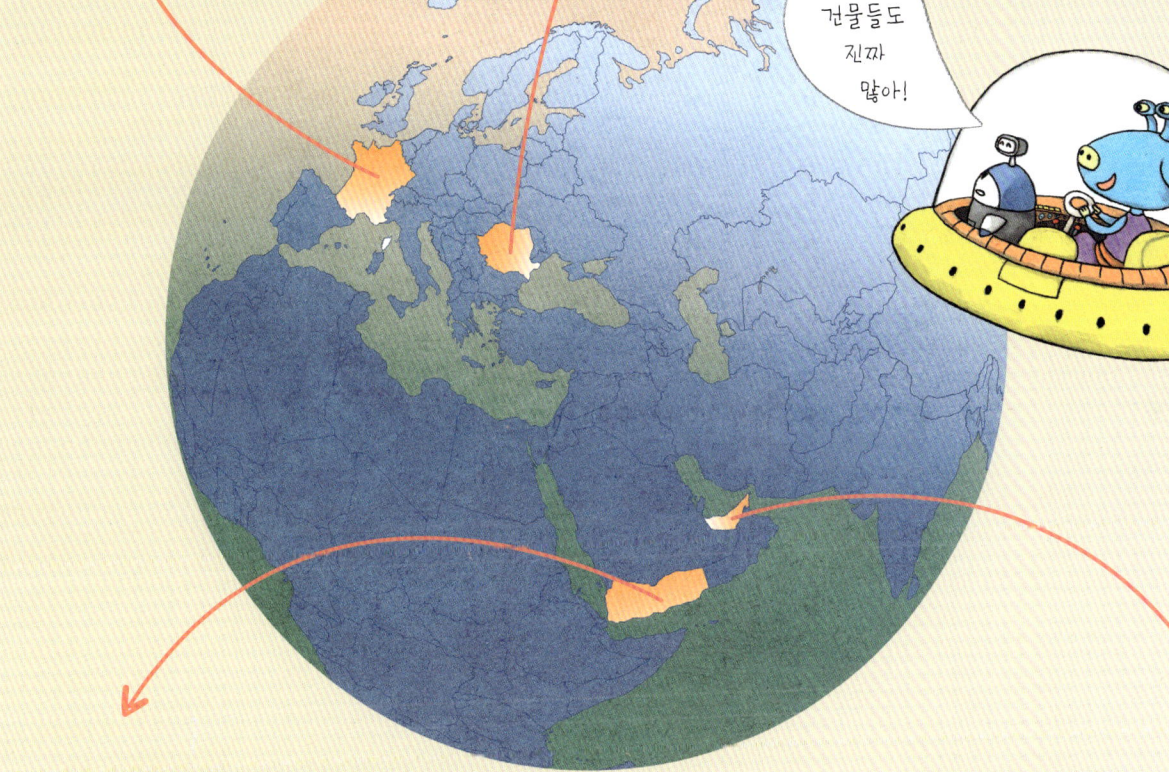

멋진 건물들도 진짜 많아!

**가장 오래된 아파트 도시: 예멘 시밤**
서기 300년에 지어진 고대 하드라마우트 왕국의 수도이다. 진흙 벽돌로 지어진 아파트 500여 채는 16세기 이후에 지어졌다.

**가장 높은 건물: 아랍 에미리트 부르즈 할리파**
아랍 에미리트 두바이에 있으며 버즈 칼리파라고도 불린다. 총 160층으로, 높이는 828m이며 2010년에 완공되었다.

# 지구의 7대 불가사의

지구 답사
**31일째**

사람들은 자신들이 만들었지만 신의 손길이 닿은 듯 놀라운 건축물에 '7대 불가사의'라는 이름을 붙이기 좋아한다. 2007년에 투표로 정한 세계 7대 불가사의는 다음과 같다.

**이탈리아 콜로세움**
서기 70년쯤 세워진 고대 로마의 원형 경기장

**요르단 페트라**
나바테아인들이 기원전 7세기쯤 만든, 암벽을 깎아 만든 도시

**인도 타지마할**
17세기에 만들어진, 흰색에 완벽한 좌우 대칭을 이루는 묘지

**중국 만리장성**
중국 역대 왕조들이 북방 민족의 침입을 막기 위 세운 방어용 성벽. 총 길이가 약 5000~6000km에 이른다.

**페루 마추픽추**
고대 잉카인들이 해발 2430m에 세운 공중 도시

**멕시코 치첸이트사**
5세기에 이루어진 마야 도시로, '엘 카스티요'라 불리는 25m 높이의 피라미드가 유명하다.

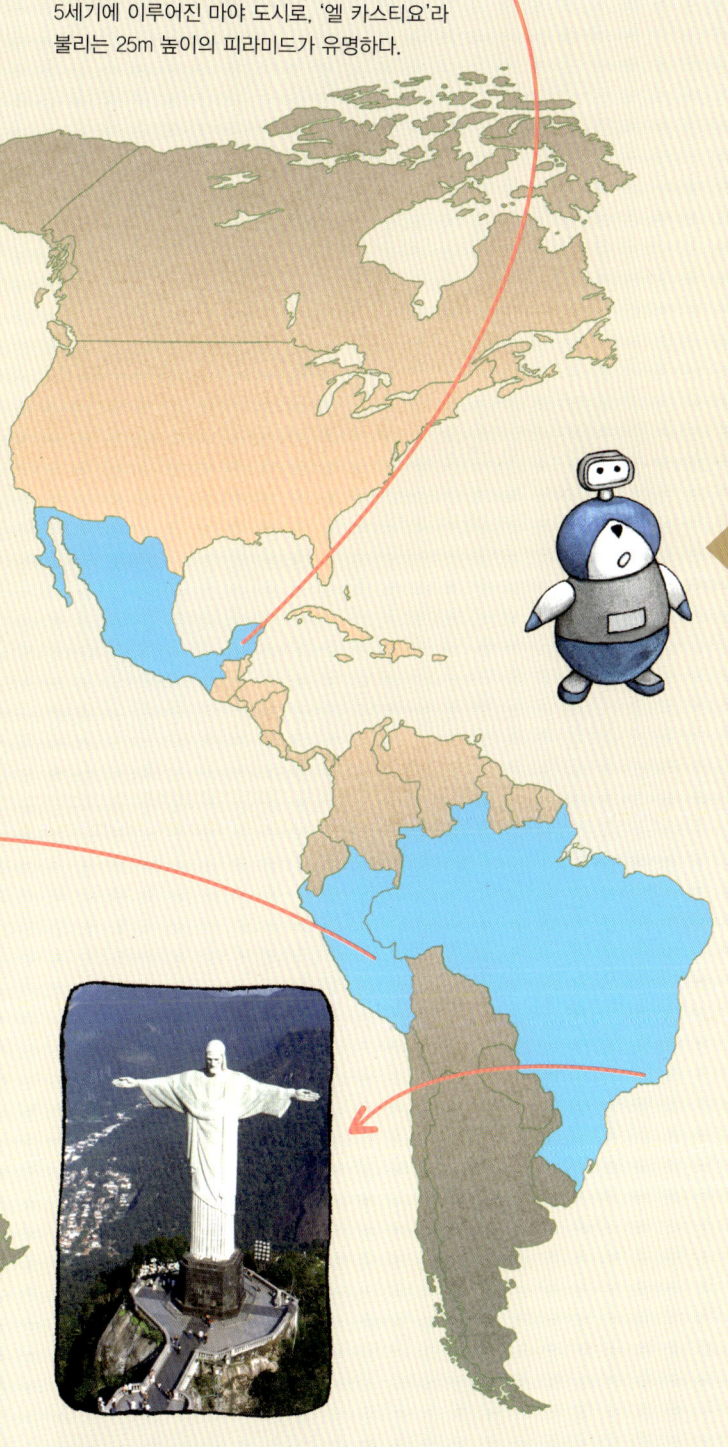

**브라질 예수상**
브라질 리우데자네이루 코르코바도산 정상에 있는 세계 최대의 예수상. 1931년에 완성되었고 높이 38m에 무게는 1145t이다.

## 고대의 7대 불가사의

기원전 2세기 그리스의 수학자 필론이 그리스인이 관심 가질 만한 유명 건축물을 고른 것이다. 오랜 옛날에 정한 거라 그리스 부근 지역에 머물러 있다.
이 가운데 오늘날에는 이집트 피라미드만 남아 있다.

**1 이집트 기자의 피라미드**
현재 위치: 이집트 카이로

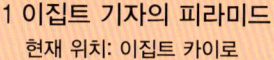
**2 바빌론의 공중 정원**
현재 위치: 이라크 바그다드 남쪽

**3 에페소스의 아르테미스 신전**
현재 위치: 터키 셀주크

**4 올림피아의 제우스상**
현재 위치: 그리스 엘리스

**5 할리카르나소스의 마우솔레움**
현재 위치: 터키 보드룸

**6 로도스섬의 거상**
현재 위치: 그리스 로도스섬

**7 알렉산드리아 파로스의 등대**
현재 위치: 이집트 알렉산드리아

# 세계 문화 유산

| | 지구 답사 **32일째** |

유네스코는 인류가 간직할 만한 가치가 있다고 여겨지는 문화 유산과 자연 유산을 선정하여 보호하고 보존하는 데 힘을 쏟고 있다.

유네스코 세계 유산에는 전 세계 167개국의 1121점이 지정되어 있다. (2020년 3월 기준)
세계 유산이 가장 많은 나라는 로마 제국의 영광을 물려받은 이탈리아와
아시아 문명을 대표하는 중국이다.

빌헬름회헤 산상공원
(분수 정원과 헤라클레스 상)

스톤헨지와 에이브베리 거석 유적

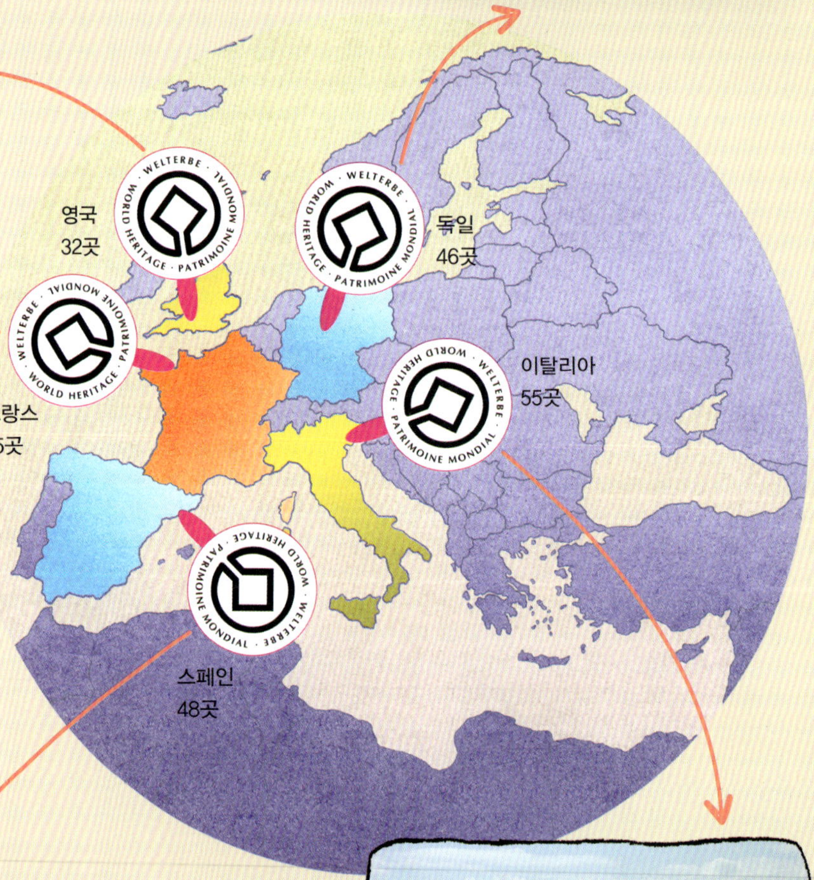

영국 32곳

독일 46곳

프랑스 45곳

이탈리아 55곳

몽생미셸 수도원과 만

스페인 48곳

안토니 가우디의
일곱 건축물 (카사 밀라)

물의 도시
베네치아

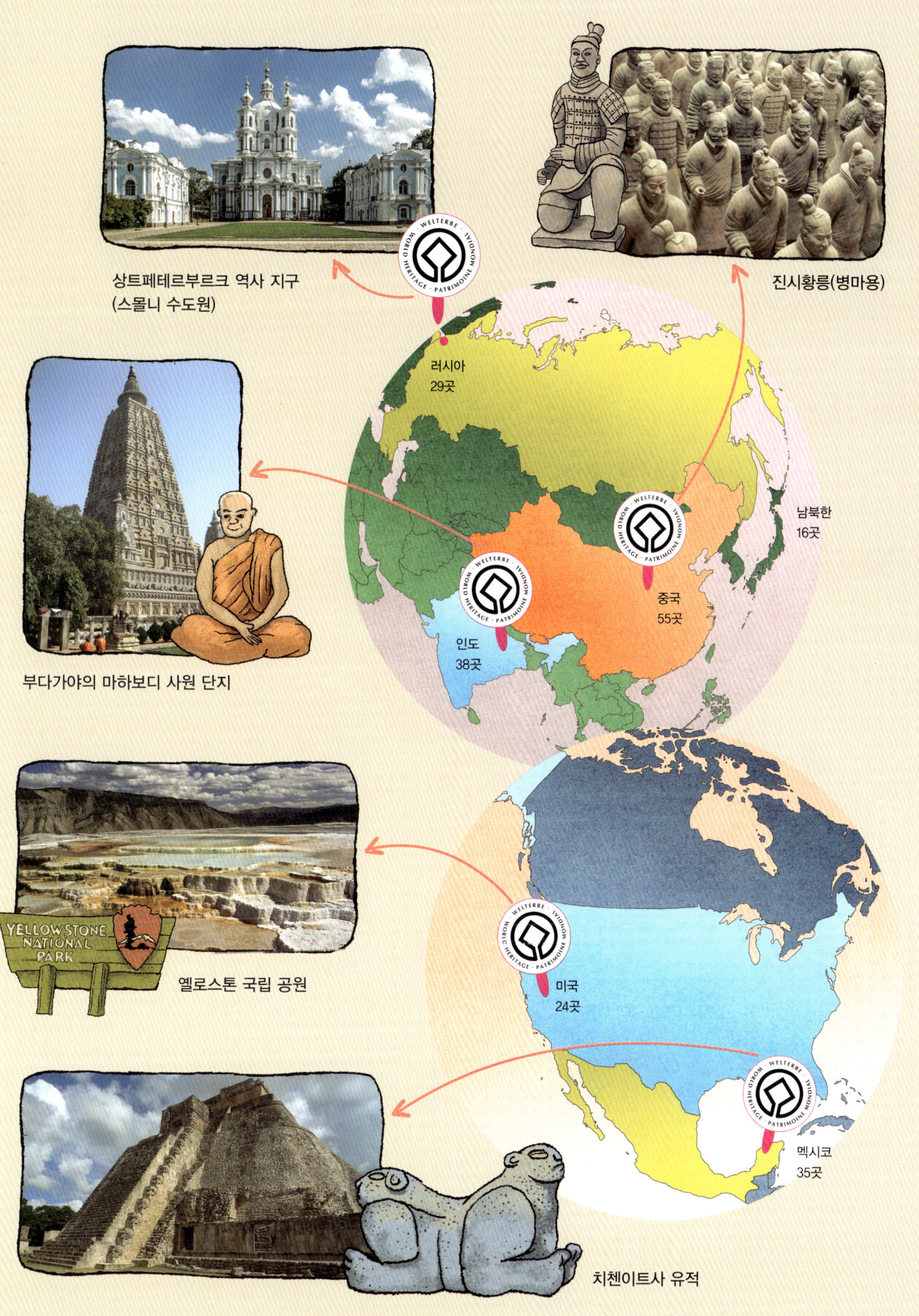

67

# 세계 기록 유산

Memory of the World

**지구 답사 33일째**

유네스코는 인류가 간직해야 할 역사적인 문서나 그림, 영상들을 세계 기록 유산으로 지정하여 보호하고 있다.

전 세계 121개국의 527가지 기록 유산이 지정되어 있다.(2020년 3월 기준) 유럽에서는 독일이 가장 많은 유산을 보유하고 있다. 아프리카에서는 남아프리카 공화국이 다섯 건으로 가장 많고, 이집트가 그 뒤를 따르고 있다. 아시아에서는 한국, 아메리카에서는 멕시코가 가장 많은 세계 기록 유산을 보유하고 있다. 기록 유산은 계속 발견되고 있기 때문에 이 순위는 얼마든지 바뀔 수 있다.

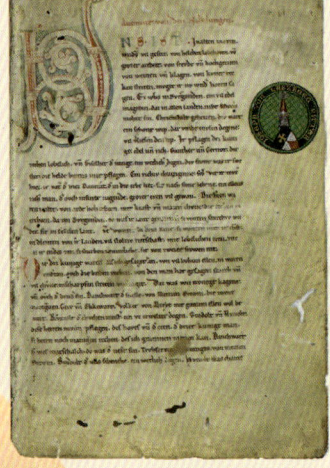

**니벨룽겐의 노래 (중세 유럽 서사시)**
게르만 민족의 신화와 전설이 녹아 있는 영웅 서사시이다.

**루트비히 폰 베토벤이 작곡한 교향곡 제9번, d단조, op. 125**
지구에서 가장 널리 알려진 곡 가운데 하나로, 지구 음악사에 커다란 영향을 미쳤다.

독일 23건

이집트 4건

**고트프리트 빌헬름 라이프니츠의 원고 중에서 1100명의 사람들과 주고받은 편지 1만 5000통**
철학자이자 신학자, 물리학자, 수학자인 라이프니츠가 주고받은 편지로, 17~18세기 유럽 학문의 깊이를 엿볼 수 있는 소중한 자료이다.

**수에즈 운하 관련 기록물**
지난 200년 동안 동서양을 연결해 왔으며 특히 중동 지역 역사에 큰 영향을 미친 수에즈 운하가 어떻게 개통되고 관리되었는지 보여 준다.

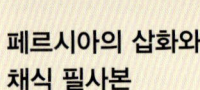

**페르시아의 삽화와 채식 필사본**
이슬람 세밀화의 역사와 서체의 발전을 엿볼 수 있는 귀중한 자료이다.

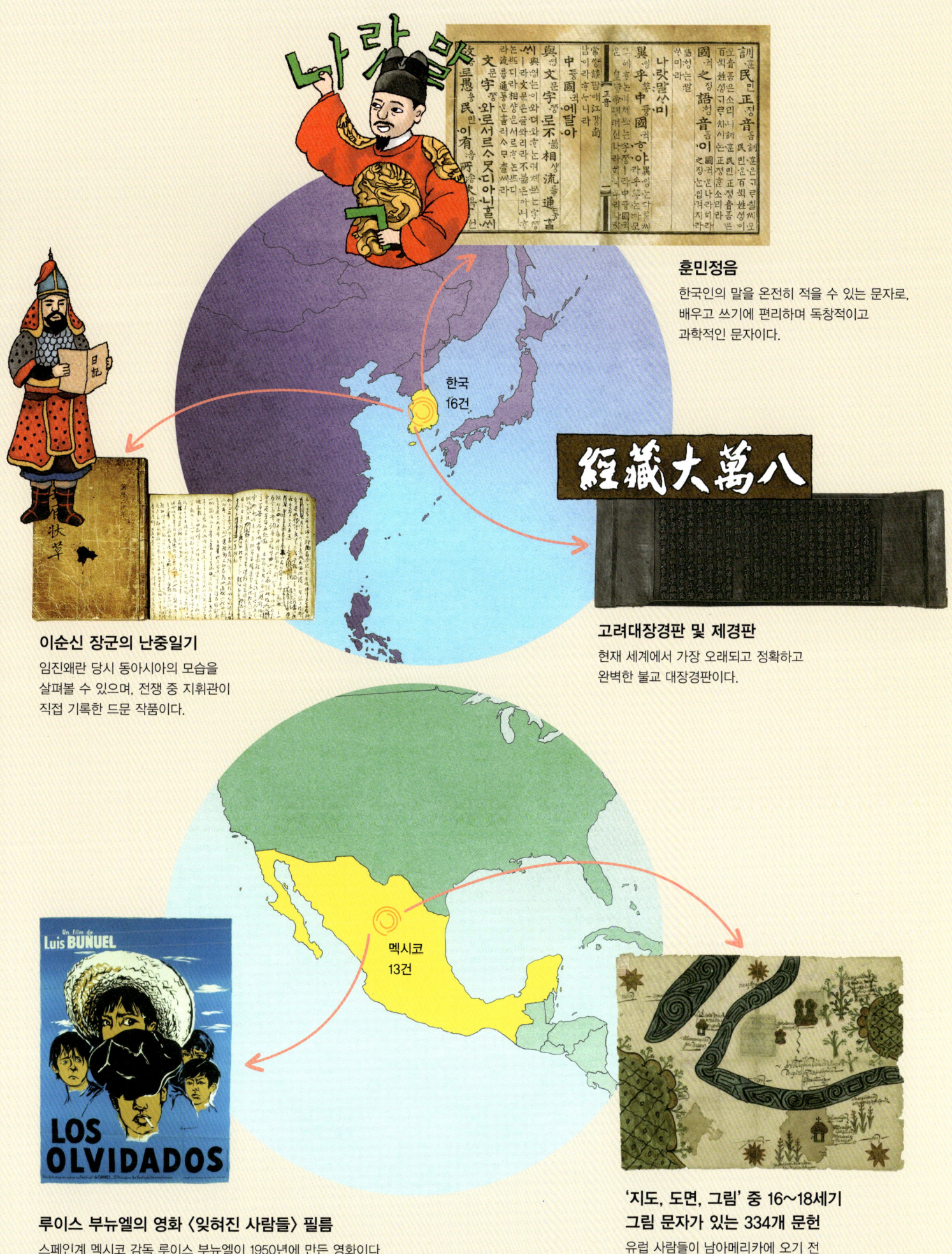

### 훈민정음
한국인의 말을 온전히 적을 수 있는 문자로, 배우고 쓰기에 편리하며 독창적이고 과학적인 문자이다.

### 이순신 장군의 난중일기
임진왜란 당시 동아시아의 모습을 살펴볼 수 있으며, 전쟁 중 지휘관이 직접 기록한 드문 작품이다.

### 고려대장경판 및 제경판
현재 세계에서 가장 오래되고 정확하고 완벽한 불교 대장경판이다.

### 루이스 부뉴엘의 영화 〈잊혀진 사람들〉 필름
스페인계 멕시코 감독 루이스 부뉴엘이 1950년에 만든 영화이다. 멕시코시티의 빈민가에서 살아가는 어린이들의 소외된 삶을 담은 중요한 기록물로 평가받는다.

### '지도, 도면, 그림' 중 16~18세기 그림 문자가 있는 334개 문헌
유럽 사람들이 남아메리카에 오기 전 멕시코 원주민들이 어떤 생각을 가지고 어떻게 살았는지를 알 수 있는 중요한 자료이다.

# 뿌뿌와 꼬봇이 떠난 33일 동안의 지구 여행 끝!

# 찾아보기

## ㄱ
가봉…18
감비아…42
그리스…15, 50, 65
기니비사우…42

## ㄴ
나우루…9
남수단…10, 16, 41
남아프리카 공화국…27, 29, 41, 68
네덜란드…50
네팔…10, 12
노르웨이…39
뉴질랜드…11, 49
니제르…10, 19, 36

## ㄷ
덴마크…60
도미니카 공화국…15, 42
독일…41, 42, 45, 48, 49, 50, 57, 58, 59, 66, 68

## ㄹ
라오스…10
러시아…7, 8, 9, 15, 16, 17, 18, 20, 25, 33, 41, 42, 45, 47, 50, 67
레소토…10, 36, 43
루마니아…41, 60, 63
룩셈부르크…39
르완다…10, 16, 43
리비아…15, 19

## ㅁ
마다가스카르…11, 14
마케도니아…10
말라위…10
말레이시아…11, 14, 15, 37, 49
말리…10, 19
멕시코…15, 29, 34, 48, 49, 51, 65, 67, 68, 69
모나코…9, 33, 37
모로코…19
모리타니…19
몰도바…10
몰디브…11
몽골…10, 16, 17, 33
미국…9, 15, 16, 17, 29, 34, 38, 42, 44, 46, 47, 49, 51, 59, 61, 67
미얀마…25
미크로네시아…18

## ㅂ
바티칸 시국…9, 10
베네수엘라…15
베트남…15, 56
벨기에…50
벨라루스…10, 41
보츠와나…10
볼리비아…10, 13
부룬디…10
부르키나파소…10
부탄…10, 12, 43
북한…8, 47
브라질…7, 9, 10, 16, 18, 34, 42, 49, 51, 65
브루나이…14

## ㅅ
사우디아라비아…15, 45
산마리노…9, 10
서사하라…19
세르비아…10
세이셸…18
소말리아…7, 35, 41
수단…15, 16, 19, 52
수리남…18
스와질란드…10
스웨덴…50
스위스…10, 33, 39, 40, 41
스페인…15, 33, 49, 50, 55, 66
슬로바키아…10
시리아…35, 58
시에라리온…42
싱가포르…37, 40, 49, 56

## ㅇ
아랍 에미리트…63
아르메니아…10
아르헨티나…10, 34
아이티…15, 25
아일랜드…39, 60
아제르바이잔…10, 17
아프가니스탄…10, 36, 43
알제리…15, 19
앙골라…36, 40
에리트레아…19
에티오피아…10, 16, 41
영국…11, 14, 45, 47, 49, 50, 58, 60, 66
예멘…63
오스트레일리아…11, 14, 27, 30, 51
오스트리아…10
요르단…15, 64
우간다…10, 16, 41
우즈베키스탄…8, 10
우크라이나…8, 15, 41
이라크…35, 52, 58, 60, 65
이란…15, 17, 20, 35, 58
이스라엘…15, 47
이집트…15, 16, 19, 34, 52, 57, 58, 65, 68
이탈리아…9, 10, 15, 33, 41, 49, 50, 56, 64, 66
인도…12, 21, 25, 33, 34, 35, 42, 43, 44, 45, 47, 49, 53, 62, 64, 67
인도네시아…11, 14, 28
일본…11, 15, 20, 21, 34, 37, 38, 40, 41, 43, 45, 46, 49, 51, 56, 62

## ㅈ
잠비아…10, 36
중국…9, 12, 13, 15, 16, 33, 34, 35, 38, 39, 43, 44, 45, 47, 51, 53, 55, 56, 57, 64, 66, 67
중앙아프리카 공화국…10
짐바브웨…10

## ㅊ
차드…10, 19, 43
체코…10
칠레…10, 21

## ㅋ
카자흐스탄…8, 10, 17
캄보디아…28, 62
캐나다…9, 14, 17, 42, 49, 51
케냐…16, 41
코소보…10
코스타리카…44
콜롬비아…15, 16
콩고 민주 공화국…16
쿠바…11, 15
크로아티아…15
키르기스스탄…10

## ㅌ
타이(태국)…27, 49
타이완(대만)…15
타지키스탄…10
탄자니아…16, 41
터키…15, 34, 57, 58, 65
투르크메니스탄…8, 10, 17
투발루…9, 11, 38
튀니지…15, 19

## ㅍ
파라과이…10
파키스탄…12, 34, 47, 53
파푸아 뉴기니…11, 14
팔라우…18
페루…10, 13, 16, 64
폴란드…41
프랑스…33, 37, 41, 42, 45, 47, 49, 50, 58, 63, 66
핀란드…50
필리핀…11, 15

## ㅎ
한국…15, 37, 40, 41, 43, 45, 48, 49, 51, 56, 57, 62, 68, 69
헝가리…10

**박 수 현** 글·그림

홍익대학교 회화과를 졸업하고 지금은 어린이책을 쓰고 그립니다.
제16회 유네스코 노마 콩쿠르에서 수상하였고, 제1회 CJ그림책 축제에서 그림책 일러스트레이터로 선정되었습니다.
지은 책으로 어린이 교양서《잘생긴 명화 못생긴 명화》,《미술관에 간 역사 박물관에 간 명화》와
창작 그림책《세상에서 가장 큰 스케치북》,《세상에서 가장 유명한 변기》,《세상에서 가장 유명한 해바라기》,
《세상이 반한 미소 모나리자》,《세상을 깨운 새로운 아침》,《아빠가 작아졌어요》,《광화문 해치의 모험》들이 있습니다.

 02 지구본을 통해 본 세계 여러 나라

## 지구본 세계 여행

ⓒ 박수현, 2014·2020
초판 1쇄 발행 2014년 1월 30일 | 개정판 5쇄 발행 2025년 2월 20일
ISBN 979-11-5836-177-8, 978-89-93242-95-9(세트)

펴낸이 임선희 | 펴낸곳 ㈜책읽는곰 | 출판등록 제2017-000301호 | 주소 서울시 마포구 성지길 48
전화 02-332-2672~3 | 팩스 02-338-2672 | 홈페이지 www.bearbooks.co.kr | 전자우편 bear@bearbooks.co.kr
SNS Instagram@bearbooks_publishers | 편집 우지영, 우진영, 이다정, 최아라, 박혜진, 김다예, 윤주영, 도아라, 홍은채
디자인 김태우, 김은지, 윤금비 | 마케팅 정승호, 배현서, 김선아, 이서윤, 백경희 | 경영관리 고성림, 이민종 | 저작권 민유리
협력업체 이피에스, 두성피앤엘, 월드페이퍼, 원방드라이보드, 해인문화사, 으뜸래핑, 문화유통북스

이 책은 저작권법에 따라 보호받는 저작물이므로 무단 전재와 무단 복제를 금합니다.
이 책 내용의 전부 또는 일부를 사용하시려면 반드시 저작권자와 출판사의 동의를 얻어야 합니다.

＊이 책에 실린 정보는 개정판 기준으로 가장 최신 자료를 반영하였습니다. 지리 정보와 통계는 조사 기관 및 시기,
　방법에 따라 조금씩 다를 수 있습니다. 새롭게 밝혀진 사실이 있으면 최대한 반영하도록 노력하겠습니다.

KC마크는 이 제품이 공통안전기준에 적합하였음을 의미합니다.
제조국 : 대한민국 | 사용 연령 : 3세 이상
책 모서리에 부딪히거나 종이에 베이지 않도록 주의해 주세요.